ミーちゃんと行く

磐座の旅

香川・徳島編

JN223885

青月社

はじめに

新緑の山の美しさに心を打たれ、海原の波の音に引き込まれ、自然の美しさに惹かれた私は、この10年、感謝とご挨拶のために全国の神社を参拝してまいりました。徳島で生まれ高松で仕事をさせていただき、昨年からは岡山にてお世話になっております。今まで公私にわたり数々のお引き立てを頂きました皆様に感謝申し上げます。

神社参拝を続けていくうちに故郷徳島県、香川県にはとても素晴らしい神社や遺跡が残されているにもかかわらず、知られていないことに気づきました。そこでこの度、訪れて記録した写真を整理して皆様にご紹介するとともに、瀬戸内海を挟んで対地する岡山県や広島県にも素晴らしい磐座があり、その一部だけ紹介させていただく本を上梓することとなりました。拙い写真に、拙い解説になるかとは思いますが、皆様にこんな場所があるのかとお楽しみいただけたら大変うれしく思います。

四国を東西に貫く中央構造線という断層帯があります。構造線の両側には山脈がそびえ、真ん中には川が流れており、川の両側に縄文時代には人が住み始め多くの遺跡を残しております。きっとその時代でも大きな岩や山に、また大木に自然と祈りをささげたのではないでしょうか？　学問的に祭祀対象として認められるには建物跡の遺跡とか石器や土器が発見されなければなりませんが、今回紹介する多くの磐座遺跡を訪れたら、だれでも時代を超えて拝みたくのではと感じました。

学問的には、弥生から古墳時代にかけ、稲作に欠かせない水を祭ると同時に水源を祭る中で、立派な磐座が発見されていき、磐座信仰が確立したという説が展開されています。

確かに水源の神社や水分神社があるのは注目しなければなりません。伊勢神宮や日前神宮・國懸神宮に祭られている鏡が、いま全国で飾られている神社の鏡の御神体の大元ですが、おそらく7～8世紀になって御神体として飾られるようになったのであると思われます（もっとも、これらの御神体の鏡は漢時代の内行花文鏡であるといわれています。日本で最大の内行花文鏡が発見された福岡の平原方形周溝墓遺跡の鏡と同じ1～2世紀ころのものと推定されます)。

奈良の大神神社のようにご神体が三諸山とその磐座で拝殿しかないというのが神社で一番古い形態であったと思われます。大神神社も三諸山に磐座があり、そばには箸墓古墳がセットのごとく作られています。今回取り上げたいくつかの神社が御神体としての磐座、神社、古墳がセットになっており、よく残っていたと感心いたしました。忌部神社本宮大社の磐座と忌部古墳群はその典型と言ってもよいでしょう。

「古語拾遺」によりますと、徳島と香川は忌部氏によって開拓された国であるとされております。阿波国は天日鷲命が祖神で、讃岐は天手置帆負命となっています。また備前焼は伊部焼と言われておりますが、古墳のハニワを焼く忌部焼が始まりではなかったでしょうか？　阿波忌部氏が麻を植え開拓したことから、その地を麻植郡と呼んでいると言われております。

さて絹は弥生時代以降に請来されますが、麻は縄文時代から栽培されております。古くから忌部一族は四国にいたのではないでしょうか。令和の大嘗祭のために奉ぜられた麁服のための大麻栽培の地三木家住宅はかなり山の上にあり稲作信仰の神社とは無縁の縄文の息吹を感じる地でありました。こうして見てみると縄文時代からの自然崇拝に弥生以降の神仙思想と原始道教的な信仰が重なり神道が形成されてきたのではないかと推測されます。また、現在の神社社殿は、仏教の寺院に対抗するために7世紀ころから建設されてきたと言われております。

失われゆく日本のこころの原点を問い続ける磐座を皆様に見直していただきたく、ご案内申し上げます。

大和　三希子

ミーちゃんと行く

磐座の旅

香川・徳島編

目次

磐座の旅(香川・徳島編)
全体地図
〈岡山県、広島県の一部を含みます〉

八倉比賣神社本殿

1 天石門別八倉比賣神社

徳島県徳島市国府町矢野宮谷531
御神体：矢倉比賣命

山の頂にある古墳前方部に社殿。後円部（埋葬されていると思われる部）に五角に板石を積んだ磐座が構成されています。周辺にはいくつか古墳が見受けられます。

それでは皆さま、阿波と讃岐を結ぶ磐座の旅に出発いたしましょう。

まずご案内するのは「天石門別八倉比賣神社」です。阿波の史跡公園の奥深くにあり、この一帯が二百余りの古墳群になっています。阿波には色々な隠された謎と歴史がある事は書籍などで知ってはいましたが、こちらの神社の略記を見て私は驚きました。

御祭神
大日孁貴　別名天照大神

となっているではありませんか。

神紋は「抱き柏」。柏の葉……すなわち出雲の日御碕と同じです。略記を読んでいくと古事記に出てこられる神様のお名前、そして葬儀を行ったことが記されていました。

国文学者・折口信夫氏は、「阿波の天照大神は水の女神に属し、最も威力ある神霊」と示唆しています。私はしばらくの間あまりの衝撃に放心状態になってしまいました。

徳島には古事記に出てこられる神様たちが沢山祀られています。

私が二〇一一年から神社参拝に参り始めたのもある神社で不思議な体験をしたからに他なりません。このお話は長くなるので別の機会にお伝えしたいと思います。

話を戻しましょう。この神社の上には八倉比賣様の神陵があります。神社の小脇から上に登る山道を半分フラフラしながら駆け上がると、そこには五角形に綺麗に石積みされた磐座がありました。

八倉比賣様のお墓です。祭壇にはお水、お酒などが奉られています。

比賣様、ありがとうございます。

五角磐座

八倉比賣神社鳥居

ようやく辿り着く事ができました。

八倉比賣神社は夏には黒アゲハが舞い、冬には真っ赤な椿が比賣様の神陵を見守っています。春には桜の絨毯が敷かれて私たちを歓迎してくれます。

二〇二〇年の春には我が社の春奈さんの「神社参拝に連れて行ってほしい」のリクエストでこちらに案内しました。

コロナ禍だったこともあり、クルマで人混みでないこの場を選びました。この日は四月の彼女の誕生日。八倉比賣様に会わせたい！

神社前の長い階段を登り着いた途端

「オーナー！　キレイ！　桜の絨毯みたい！」

その瞬間、風がふわりと桜の花びらを乗せ、私たちの周りをキラキラとまるでダイヤモンドの雪のように舞い降りたのです。

「これが本当の桜吹雪なんだ」

神様
コロナが早く終息し
平和な日常が戻りますように。
そして
ありがとうございます。
彼女の最高のギフトになりました。

財

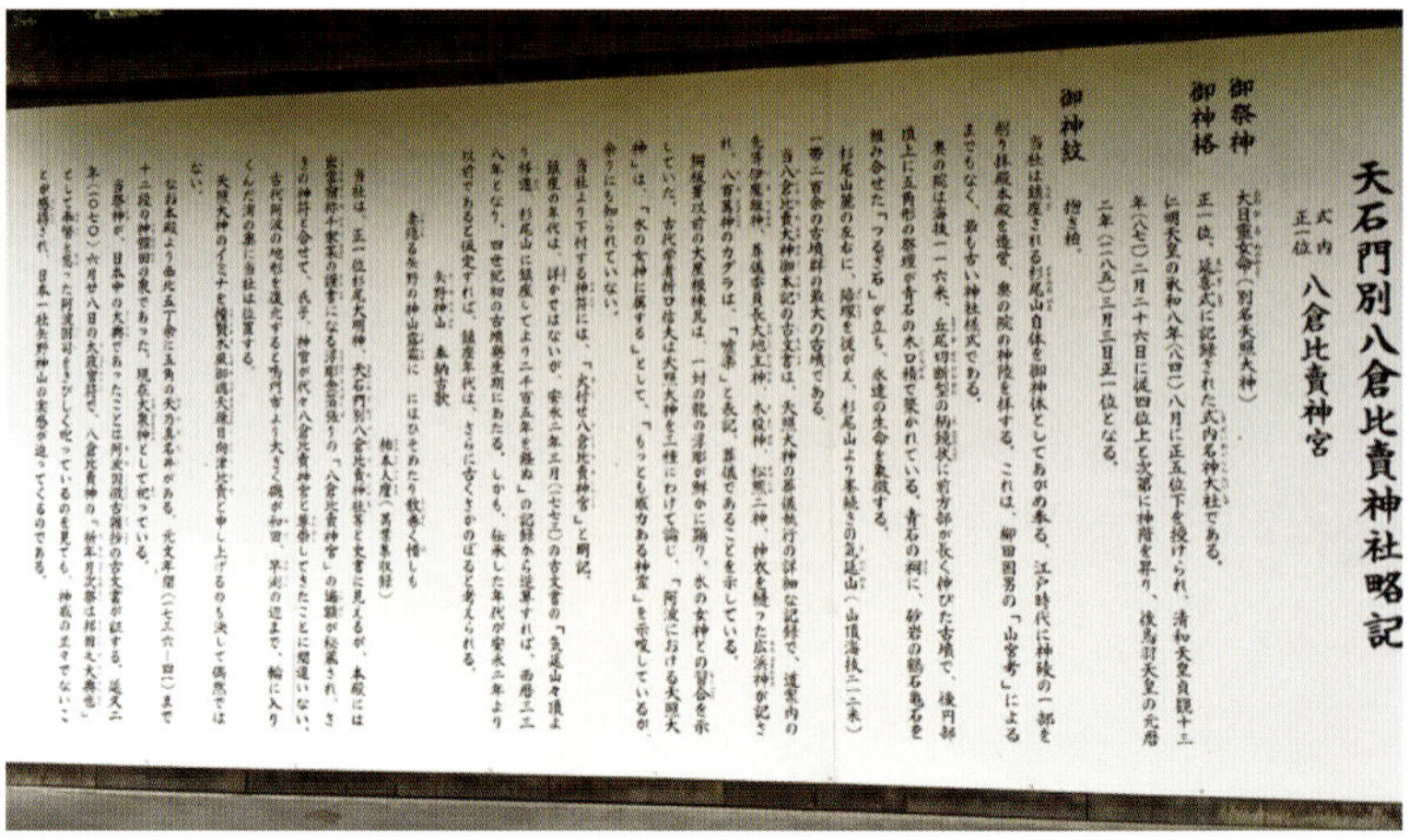
天石門別八倉比賣神社略記
式内
正一位 八倉比賣神宮
御祭神
御神格
御神紋

2 天岩戸立岩神

徳島県名西郡神山町鬼籠野茂登山746
御祭神：志那都比古・志那都比売（風の二神）・弥都波女（水神）

古事記や阿波国風土記に記されている文章から天岩戸としてまつられている磐座。山の奥に立つ立岩。邪馬台国阿波説や、天岩戸阿波説の根拠となる重要な磐座です。

　ある日、春奈さんとの神社参拝を終え徳島の神山を下り高松に向かう途中のこと。「天岩戸立岩神社↓」と書かれた案内が飛び込んできました。以前から参拝したいと思っていた神社です。阿波の古事記の会の方々がＳＮＳによく投稿されていてずっと気になっていました。この道は数え切れないほど往復しているのに今まで気がつかなかった……。

　参拝しようと思い立ち、急遽ハンドルを右に切ります。夕刻近かったので山道を矢印に従ってどんどん進んで行きました。

　すれ違う車は一台もありません……。聞こえるのは愛車ＭＩＮＩのエンジン音だけ。木々の景色に外の空気が吸いたくなり窓を開けると鳥の囀りが聞こえ、少し安らぎました。

「まだかな、早くしないと日が暮れる」

　少し不安になりかけたとき、神社の案内の看板と鳥居が現れました。

「あーよかった。急いでご挨拶してこよう！　まだ陽の光もある」

　その前に案内板に目をこらすと、次のように書かれている。

　古事記には天の岩戸の物語には、天香山から種々のものを集めて神事をしたと書かれています。

「ん⁈　天香具山？」

　奈良県、おまけに2ヶ月程前に参ったばかりです……。シンクロしている？

　案内板には、「阿波の神山の元山が倭の天香具山である」とあります。阿波が古事記の舞台？　色々考えてる時間はなく、足早に鳥居を一礼してくぐりました。が、一瞬にして足がすくんでしまう……。

「ちょっと、ここを行くの？　神さま〜」

　細い道、右は崖だ。初めての場所のため距離が読めない、辿り着ける確信はない。

天の元山

天岩戸の割れ目

「どうしよう、引き返そうか。でも奈良とのシンクロ、確かめたい……えい！　大丈夫！」

自分に言い聞かせ、山側にピッタリと寄り添い「祓い給え、清め給え」何度も呪文のように繰り返し唱えて進んで行く。

すると、突然、空気が変わり、目の前に巨大な磐座が出現しました。

そばには清流が流れ川の音が響き、さらに神秘感が増していく。

ここには私一人だけ……。磐座の近くに行きたい。心臓がドキドキと波打っています。この自然が創り出す圧倒的な空間に畏敬の念が湧き上がってくるのを感じました。古代の人たちは八百万の神として自然を信仰の対象としてきた念いが伝わってきます。

自然との共存。

ここで分かったのは、縄文の人たちは最先端を生きていたということ。時間も忘れてしまい、しばらくの間その場で感動を味わっていました。

奈良県の香具山神社が素晴らしかったことを思い出しました。道なき道を竹藪の中をくぐり、民家のお宅の横道を通り畑仕事のおじさんに道を尋ね、「すごいね～、こっちだよ！」と案内していただき、辿り着いた時は、竹藪の中にある御神体の磐座が、まるでかぐや姫のイメージに重なり感動しました。

「波波迦《ははか》の木」もこの場所にありました。

比較する事はできませんが、この場が元宮であるように私は感じました。

数人案内をさせて頂きましたが、あまりの神威に皆クラクラとしていました。

これからも守り続けていかなければならない聖地です。

天の元山拝殿

拝殿を撮影する筆者

岩神社

天岩戸神社

波波迦の木
古事記に「天照大神が天の岩戸に閉じこもったとき、天香山の朱桜（ハハカ）を取りて占った」と書かれています。
以来、天皇が御即位せられる大嘗祭では、亀甲をハハカの炙で焼き、その亀裂によって占う儀式に使用されています。
ハハカの和名は、ウワミズザクラ
ウワミズザクラ（上溝桜）
別名：ハハカ
当社の波波迦（ハハカ）は、平成一九年に奈良県橿原市の天香具山神社より譲り受けてきたものです。
平成一九年一二月 植樹
天岩戸神社崇敬会
阿波古事記研究会
元山 氏子

天の元山

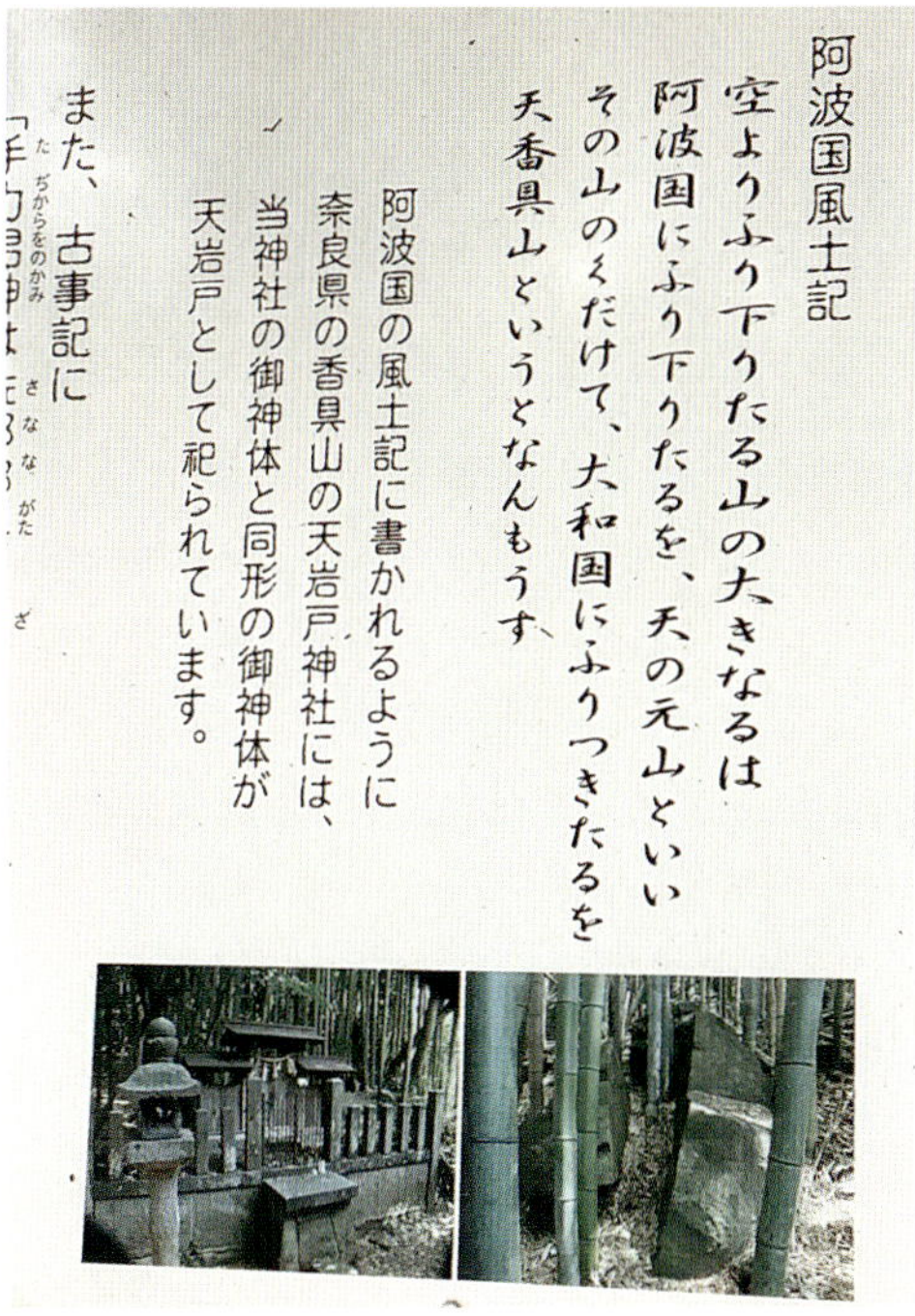
阿波国風土記
空よりふり下りたる山の大きなるは
阿波国にふり下りたるを、天の元山といい
その山のくだけて、大和国にふりつきたるを
天香具山というとなんもうす
阿波国の風土記に書かれるように
奈良県の香具山の天岩戸神社には、
当神社の御神体と同形の御神体が
天岩戸として祀られています。
また、古事記に

天《あまの》岩《いわ》戸《と》立《たて》岩《いわ》神社
徳島県名西郡神山町鬼籠野字元山七四六
この天岩戸立岩神社の御神体は、『古事記や日本書紀』に書かれる「天の岩戸」と考えられます。
鳥居をくぐって横道を200m奥に入ると天岩戸立岩神社の御神体・天の岩戸があります。
古事記には「天の岩戸の神事の際には、天香山からサカキを採り…アメノウズメは、天香山のヒカゲノカズラをたすきにかけの天香山のマサキをかぶり、天香山の笹を手に持ち、神がかりして舞い踊った」と書かれています。
『阿波の風土記』
空よりふり下りたる山の大きなるは阿波国にふり下りたるを、天の元山といいその山のくだけて、大和国にふりつきたるを天香具山というとなんともうす
『伊予の国の風土記』
伊与の郡。郡家より東北のかたに天山あり。天山と名づくるゆえは、倭に天加具山あり。天より天降りし時、二つに分かれて、片端は倭の国に天降り、片端はこの土に天降りき。よりて天山というもとなり。
と書かれているように、阿波の神山の元山が倭の天香山です。古事記の天の岩戸の物語には、天香山から種々のものを集めて神事をしたと書かれています。

奈良県天香久山　天岩戸神社御神体磐座

案内板を読むと奈良県の香久山の天岩戸神社にも同じ御神体があるとのことでしたので、ご挨拶に行ってまいりました。
竹藪をかき分け迷路のような場所にお祭りされていました。大きさは立岩の御神体よりはるかに小さい磐座でしたが、空気が清浄な神域でした。

3 天磐戸神社

徳島県美馬郡つるぎ町一宇字法正2667―2
御祭神：天照大神・天手力男命

もともとは江戸時代から神楽が奉納されていた磐座の神楽石が天磐戸としてまつられ、社殿は後でつくられた。剣岳へ行く道のかなり標高の高いところから脇にそれた場所にあり、こんな場所をよく見つけたと思える磐座です。

天磐戸神社奥宮

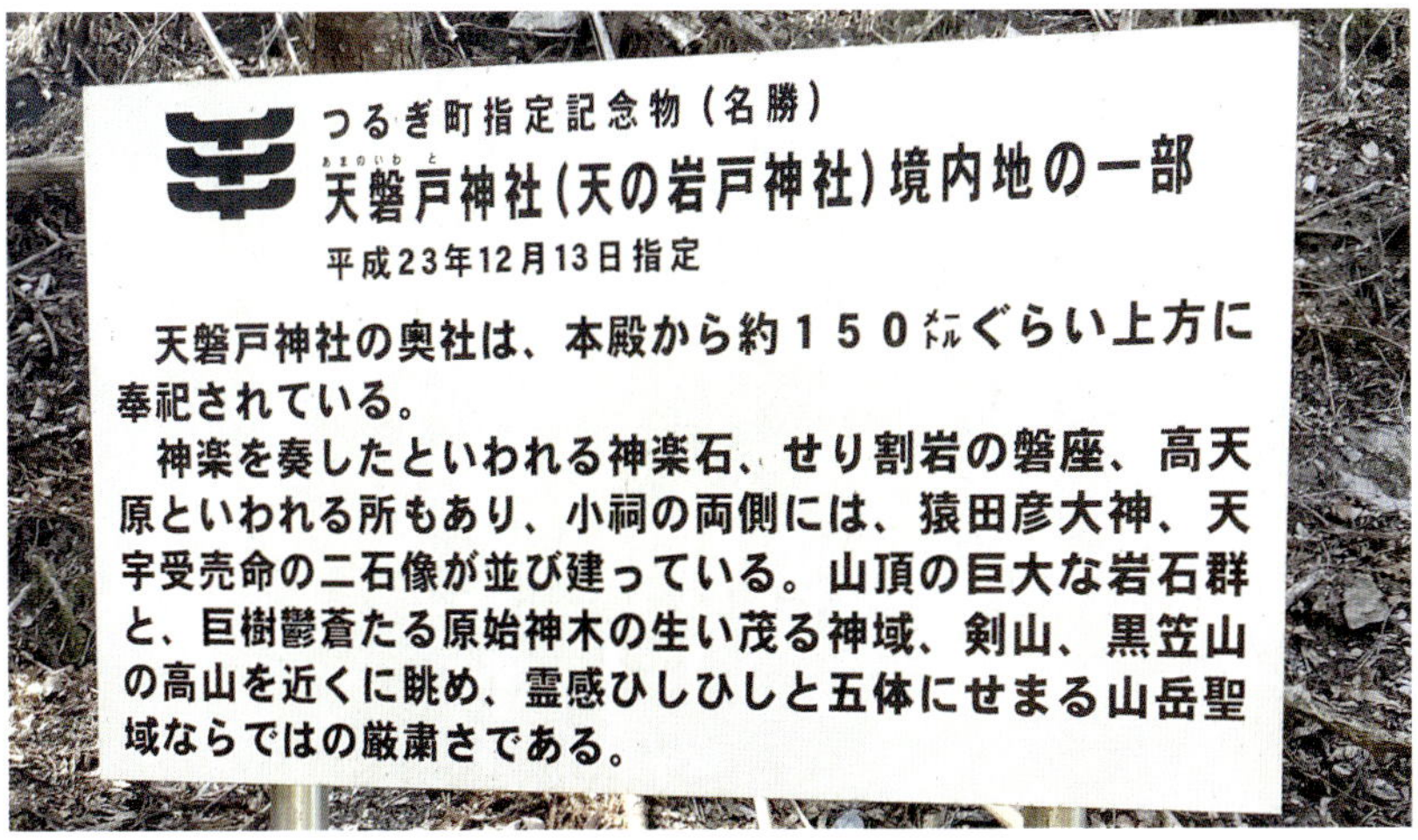

つるぎ町指定記念物（名勝）
天磐戸《あまのいわと》神社（天の岩戸神社）境内地の一部
平成23年12月13日指定
天磐戸神社の奥社は、本殿から約１５０メートルぐらい上方に奉祀されている。
神楽を奏したといわれる神楽石、せり割岩の磐座、高天原といわれる所もあり、小祠の両側には、猿田彦大神、天宇受売命の二石像が並び建っている。山頂の巨大な岩石群と、巨樹鬱蒼たる原始神木の生い茂る神域、剣山、黒笠山の高山を近くに眺め、霊感ひしひしと五体にせまる山岳聖域ならではの厳粛さである。

剣山に行く途中にある案内板が以前から気になっており、くねくねとした山道の中をドキドキしながら車を走らせました。しばらく行くと鳥居が現れたのでそばに駐車しました。

「やっとあった、でもこの石段大丈夫かな？」と、ボロボロで不安定な石段を踏みしめながら上へと登って行くと、古事記の世界が目の前に現れたかのような磐座たちに息をのみ、圧倒されました。

岩舞台を見たとたんに感動は最高に達し、思わずポーズをとってしまい同行の神社仲間を驚かせてしまいました。古代の神様・天鈿女命になったような気分でした。

さらに階段が続いており奥宮がありました。「すごい場所ですね。ただ今着きました。ありがとうございます」とご挨拶をして山を下りました。

ここはわかりにくく危ないので、訪れるときは専門のガイドをつけることをおすすめします。足元注意な場所も多く、気をつけていただきたいと思います。

天磐戸神社

天磐戸神社入口参道鳥居

神楽石で踊る筆者

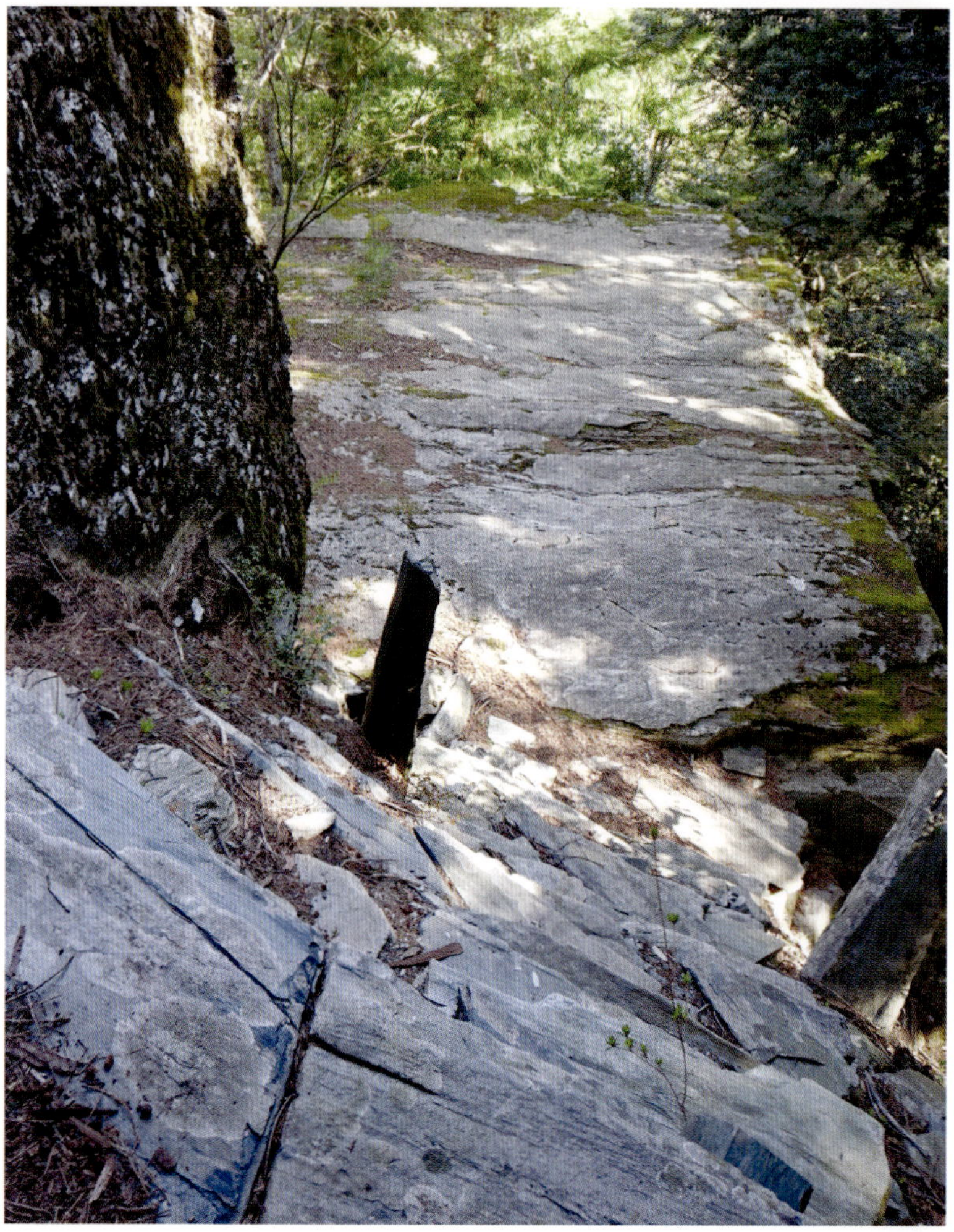

9m × 1m の舞台になっている神楽石

奥宮裏の磐座

神楽石から奥宮への石段

4 天岩戸別神社（三社皇太神宮）

徳島県名東郡佐那河内村上字牛小屋
御祭神：天手力男神・天照皇太神・豊受皇太神

物部氏の歴史書とされている「先代旧事本紀」によると、天手力男神は佐那那県に坐すと記されており佐那河内の古地名である佐那県であるという説があり、古くから三社皇太神宮と称しまつられていました。江戸時代には徳島藩主蜂須賀氏から灯篭などが奉納されました。

ナビを使い看板を見ながら、山道をグルグルと車で登っていく。この道はまるで迷路のよう。

ん？ 下におりる道があったようだ。引き返そう。あっ、やっぱり！ この下をおりるんだ。歩いていくと右手に磐座があり、「手力男神の塚」と書かれていた。手を合わせ、さらに下へとおりていくと天岩戸別神社が現れます。

なんとも言えず神秘的な場所。自然石で作られた階段を登ってご挨拶しました。ここには手力男神、天照大神、豊受大神の三柱が祀られており、奥宮には神陵があります。神名もなく伊勢よりもはるかに古くこの地にあります。阿波忌部が代々祀っていたとあります。長野県戸隠神社も御祭神は手力男神です。天岩戸が阿波から飛んできたといいます。

阿波の神社は調べれば調べるほど奥が深く魅せられていきます。しかし謎は深まるばかりです。

この天岩戸別神社も不思議です。ただ神域の空気だけは感じることができました。

天岩戸別神社参拝

手力男神の塚

奥の院

奥の院の祠

解説文・天岩戸立岩神社と当社と香具山の岩戸神社との解説。
阿波風土記によると立岩神社の別れとして奈良の天香久山天岩戸神社御神体磐座があるとされている。

5

石尾神社

徳島県美馬市穴吹町古谷字平谷
御祭神：須佐之男命・大山祇命・水波女命

信仰の対象とされた結晶片岩の露頭とその周囲を囲む板状列石によって構成されます。露頭は約一〇〇×五〇×三〇ｍの巨大なもので、露頭上部には約四五本に及ぶ高野槙群落（市指定天然記念物）が見られます。板状列石は結晶片岩の板石を約五〇ｍにわたり並べたものであり、現在の神社の玉垣と同様の役割を果たすものと思われます。（美馬市教育委員会案内板より）

石尾神社は徳島県美馬市穴吹町にある神社で、山奥の断崖絶壁に鎮座しています。

町から遠く離れた山の中を延々と車を走らせ、小さな看板を頼りに、荒れた路面を進んでいきます。そして､途中で車を停め、そこからは細い道を歩いて行くのです。少し行くと川の流れの音がして清流が見えてきます。その感動もつかの間、人ひとりがやっと通れるほどの道幅に「え、ここを行くの?」と驚きます。道の片側は川の見える崖になっています。少し冷や汗が出てきましたが、引き返すわけにはいきません。

そして、少し行くと神仏混淆の跡か仏教のお堂が現れます。さらに登っていくと大きな磐座が出現。「すごい、岩肌もきれい、薄青い緑色……」と、ウキウキと心が躍ります。さらに行くと高野槙群落（市指定天然記念物）の看板が。「高野槙群落？　あの高野槙がここにあるんだ」と思ったのです。高野槙は高野山で霊木とされ、百済の武寧王やその母高野新笠とも関係ある木です。

「ふーん、徳島のこんな山の中に何で？」など､いろいろ想像しながら鳥居で一礼し、いざ神域へ。

石門のように組まれた巨石の間を通り、心を整えて進んでいきます。この石門、まるで『鬼滅の刃』で炭次郎が切ったかのごとく鋭く切れています。石の狛犬さんに挨拶し、石段をさらに昇っていきます。

参道脇に磐境の板状列石が続いていることに気づいた瞬間、そこに巨大な岩が出現していたのです。「金鶏の風穴」向かいに「方面の風穴」。この地は剣山の前宮とした

結晶片岩の露頭

金鶏穴上部

金鶏穴下部

参拝者の行場であったとされていました。

案内板を見ているとちょうど岩の割れ目に太陽の光が入ってきました。「うわー……」思わずパチパチと柏手を打ってしまいました。

古代、剣山に参るためには、この前宮で禊を行ったそうです。また、この金鶏の風穴のある断崖は、とてつもなく大きく「すごい」と思わず感嘆の声が出ます。この場だけでも十分すぎるほどの磐座なのですが、この先の石尾神社はいったいどんな神社なのでしょうか?

さらに足を進めると小さなお宮と、目もくらむような断崖が目の前に出現します。加えて雨乞いの岩屋と書かれた看板も。

雨乞い……おそらく水の神様がいるはずです。すると石尾神社がありました。この巨大な磐座のそばにピッタリ寄り添い鎮座されていたのです。その横には立派で見たこともない大きな蔓が、まるでジャックと豆の木みたいに天に向かい、磐座の上まで伸びています。

私は声も出ずただ茫然とこの場の空気に圧倒されました。古代の人々は、自然が生み出したこの場を祭祀場として畏敬の念をもってお祀りしたことを、時空を超えて感じさせられました。

高野槙群生はこの磐座の上にあることを思い、大きなカズラを登って頂上に行きたい衝動にかられました（笑）。

板状列石

美馬市指定史跡　石尾神社
指定年月日　1987年（昭和62年）3月11日
信仰の対象とされた結晶片岩の露頭とその周囲を囲む板状列石によって構成されます。露頭は約100m×50m×30mの巨大なもので、露頭上部には約45本に及ぶ高野槙群落（市指定天然記念物）がみられる。周囲を囲む板状列石は、結晶片岩の板石を約50mにわたり並べたものであり、現在の神社の玉垣と同様の役割を果たすものと思われます。
美馬市教育委員会

仏教御堂

石尾神社本堂

1

6-1 忌部神社

徳島県吉野川市山川町忌部山
主祭神：天日鷲尊（延喜式神名帳より）

古代において忌部氏が奥宮で自然石の磐座祭祀をしていたのは間違いないでしょう。そのころの忌部氏の墓が忌部古墳群であり、磐座よりも山頂付近に点在します。神社・磐座・古墳がセットになっており、これらは大和では（低いほうから順に）箸墓古墳・大神神社・三輪山磐座となっています。時代的には忌部氏古墳が新しいですが、高低の順から見てみると吉備の吉備津神社吉備津彦神社、磐座・中山古墳のほうが祭祀的にも近い構造のように見えます。磐座祭祀は山の中腹から上にあり、そこで磐座祭祀が始まり、時代が下がるにつけ磐座祭祀から社殿祭祀に代わり山麓へ降りてきたのでしょう。

忌部氏は古代において祭祀をつかさどった氏族で、阿波では天日鷲命を祖とし、麻を植えて阿波国を開拓しました。その地は麻《お》植《え》郡と呼ばれますが、現在では合併により地名は変えられています。日本全国古代を繋ぐ地名を変えることに私は疑問を抱きます。今日でも大嘗祭に使われる麁服御衣《あらたえのみそ》は、徳島県美馬市木屋平貢の三木家の地で大麻を植え忌部神社で調製されています。

現在の忌部神社は郷社であり、徳島市二軒屋町の忌部神社に忌部氏の本社を名乗られていますが、磐座が残されている忌部本宮大社（写真1、2、3）や後背の黒岩に五基のこる忌部山古墳群から見ても式内社の忌部神社はこの地にあったと思われます（写真5、6）。岩を二本立てて鳥居とし（写真4）、これにより結界を表わしています。

忌部本宮大社は磐座のそばが広い平地になっているため、何らかの祭祀が行われたと考えられます。

小雨降るなか訪れると、雨のせいか苔むす岩の緑が生き生きとして美しい。古代の祭祀場であったのか多くの岩が組み合わされ苔の緑に鮮やかに光っていました。この場の空気はすがすがしく、長い間人目につかずに守られてきた場の清浄さを感じました。その美しさは言葉にならないほどです。木立の美しさに磐座が厳かに在し、神さびた雰囲気が醸し出されているのです。ここで私は心を打たれ、しばらく滞在しました。

ここから山を登っていくと古墳があり今も忌部氏の祖が眠っています。

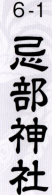

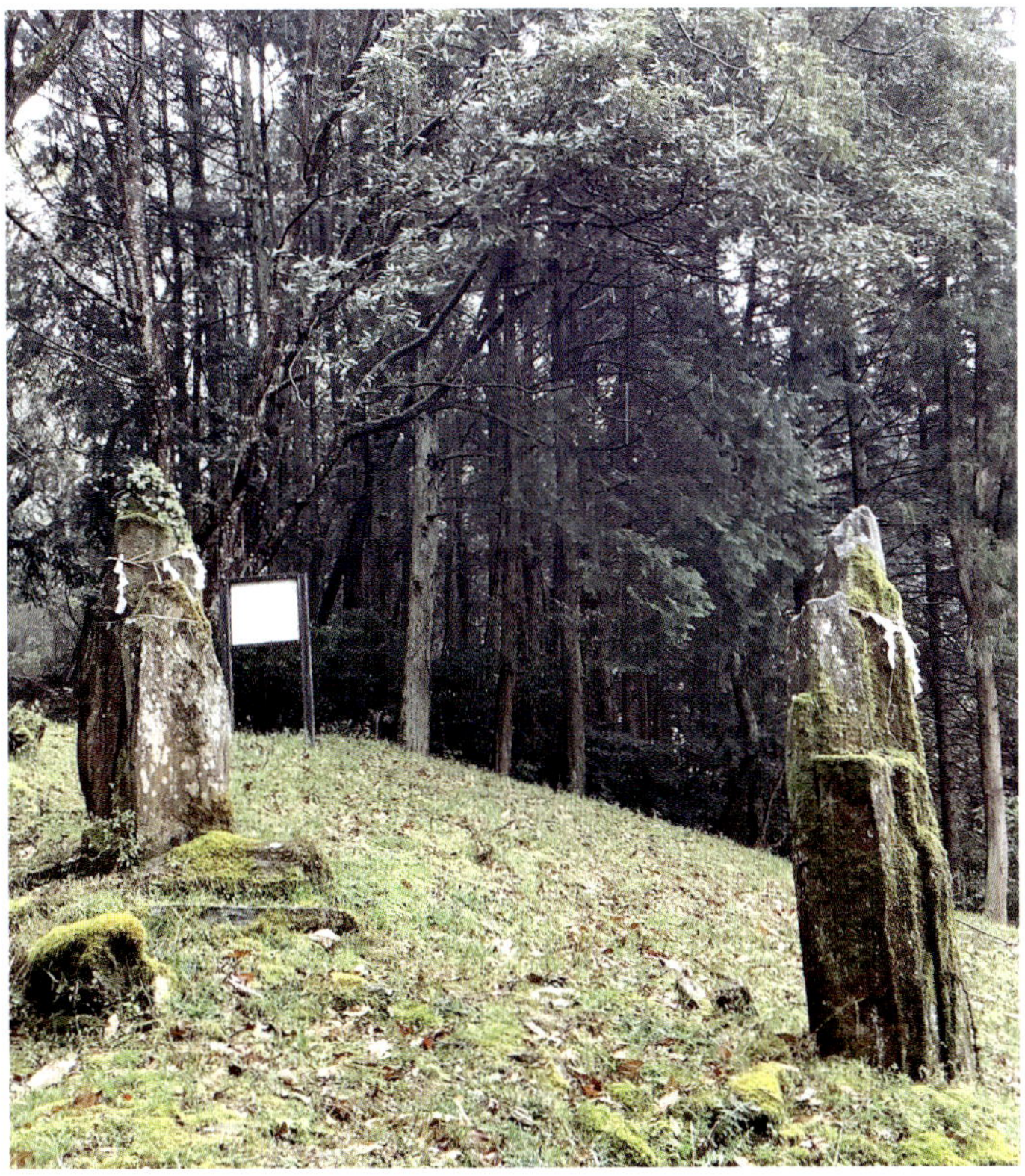

4

2

5

3

6

忌部《いんべ》山古墳群
位置 吉野川市山川町(山崎字)忌部山123番地
天日《あめのひ》鷲命《わしのみこと》を祀《まつ》る山崎忌部神社の裏山で、沖積《ちゅうせき》平野を一望
する海抜《かいばつ》240mの高所にあり、眼下に善入島を眺めすばら
しい景観《けいかん》である。古墳群は、5基からなる6世紀後半のもので、円
墳は直径10m前後の墳丘《ふんきゅう》をもち、埋葬施設《まいそうしせつ》は横穴式石室《よこあなしきせきしつ》
を主体部とし、3号墳は横穴式石室の外、小さな竪穴式《たてあなしき》石室
をもっている。出土品は総て徳島市の県立博物館に保存さ
れ、自由に公開されて居りますのでごらん下さい。
発掘調査
昭和51年8月ー昭和53年8月

大嘗祭で使用する麁服御衣服用の大麻畑

三木家住宅

麁服御衣服が大嘗祭で使用されるのを代々忌部氏が制作しその大麻畑を管理してきたのが三木家であるのは文献で知ることができますが、実際に訪れてみてこんな辺鄙なところに「何故？」と感じてしまいました。

だれ一人おらず空は見渡すばかり雲一つない青空。人里離れた徳島の山奥に天皇家とかかわりがある三木家が長い間重要な大嘗祭の麁服御衣服のために大麻の畑を守ってきたことにも心を打たれました。

香川・徳島からはずれますが、次ページからは参考までに吉備津彦神社磐座について紹介しておきます。

吉備津神社本殿

6-2

吉備津神社・吉備津彦神社

岡山県岡山市北区吉備津931／北区一宮1043
御祭神：大吉備津彦命

孝霊天皇第三皇子の五十狭芹彦命は崇神天皇十年に四道将軍として山陽道に派遣され吉備を平定した。大吉備津彦命と称され、吉備津神社裏の山頂付近の中山茶臼山古墳に祀られている。その古墳のすぐそばには、奥宮としての磐座が見受けられる。高いほうから古墳・磐座・神社の順であるのは忌部神社磐座と同じ関係であり興味深い。神社・磐座・古墳三点セットの典型的な構成である。

こちらには八年ぶりに訪れました。時期も節分明けの春分大吉の日です。

私が参拝に伺ったのは、ここが吉方位の場所にあるというのも理由のひとつです。お社はとても立派で、奥宮から孝霊天皇の子大吉備津彦の御陵まで回ることにしました。

ここは、お山自体が神域であり、素晴らしい気に満ちています。深呼吸をいっぱいしながら足を踏み締め進んでいきます。

天に向かって竹藪が覆い茂り、緑の深々い色彩を放っていました。竹には強い生命力が宿っていることがわかります。こちらの神社は宮内庁管轄下孝霊天皇の御陵と繋がっており、備前と備中の境の場所にあるとのことでした。

吉備津神社の奥宮磐座は、吉備津神社から登ってくるとまず鏡石があります。大きく磨かれた切断面は鏡のようです。しかしよく見ると岩には無数の刻文があり、これは他の八畳岩磐座群などにも多数見受けられるものです。

「一体いつの時代に誰が彫ったのだろうか？その道具は何であったのであろうか」など、数々の疑問が生じますが、それは謎のままです。

ほかにも八畳岩そばの古墳など、いくつもの古墳が山中に見受けられます。その中でも唯一の宮内庁陵墓である中山茶臼山古墳は保存状態のよさから、いかに大切にされてきたのかがわかります。まさに神の国吉備の生きた証拠です。

鏡岩表面刻文

鏡岩

吉備津神社奥宮八畳岩磐座

環状石籬

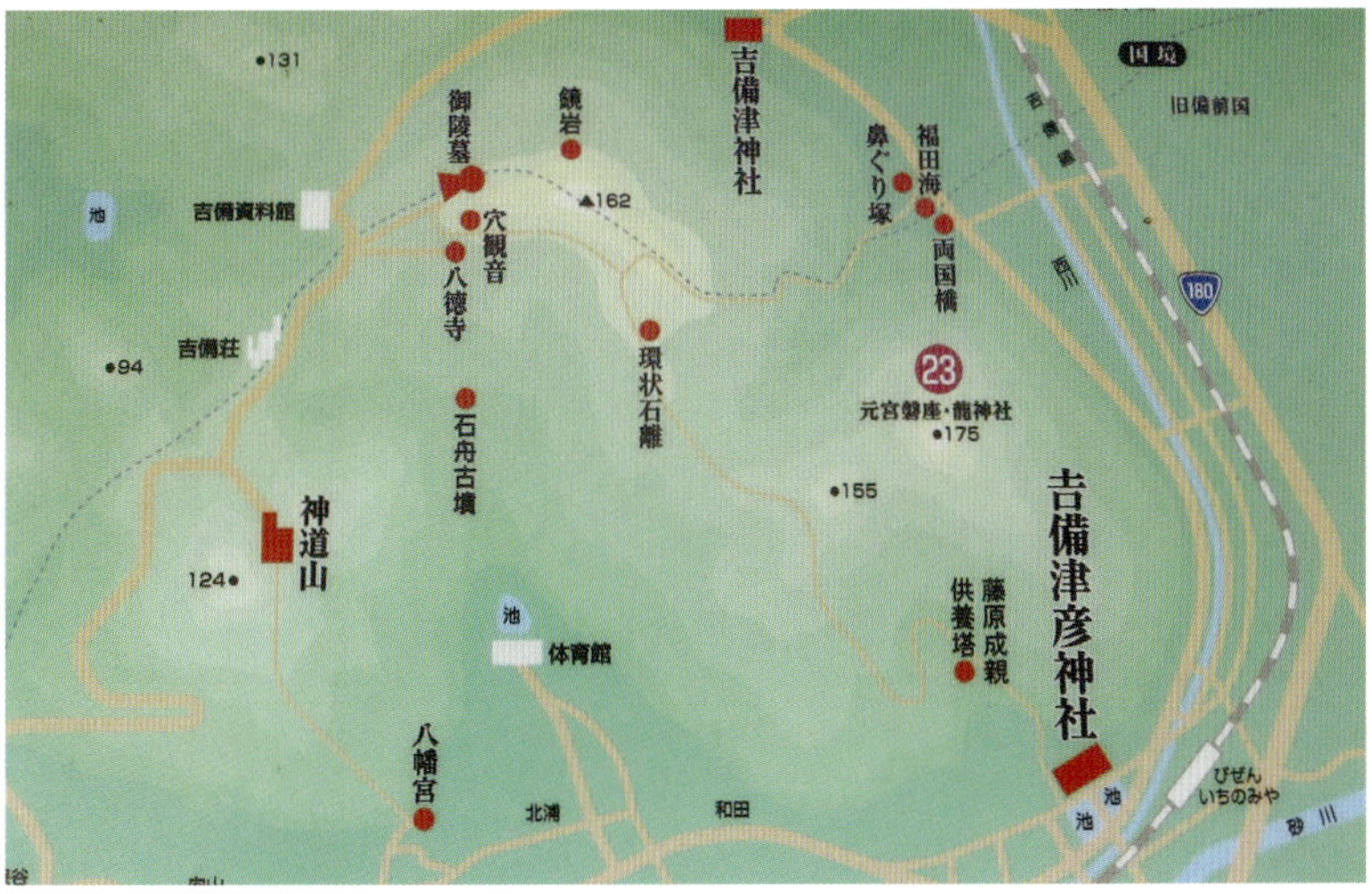

案内図

広大な神域でしたが、一歩足を踏み入れると磐座の祭祀の場所に引き込まれるように辿り着きました。一般の参拝者の方はここまでは来ることは、なかなか難しいのではないかと感じます。

見ると、磐座が所々に点在しており、かなり大きなものもありました。阿波の忌部神社に少し似ているという印象も受けました。

「案内の看板も少なく、聖域なのだ。この場所はそっとしておこう」

天柱石

八畳岩古墳

中山茶臼山古墳

八畳岩上面

吉備津彦神社元宮磐座

吉備津彦神社

岩屋妙見宮

7-1 岩屋妙見宮

香川県三豊市仁尾町仁尾戊　本尊：北辰妙見大菩薩

讃岐國の磐座をご紹介していきます。今や香川県の最高の観光名所となった三豊市の父母ヶ浜のそば、荘内半島の妙見山中腹にある岩屋妙見宮、その妙見信仰がご神体です。

もともとは天皇の語源である天皇大帝という道教の神様（太一神：伊勢神宮にもある）が北極星の北辰信仰の対象とされてきました。しかし空海が神仏を習合し、北辰信仰として北辰妙見大菩薩を唱えたのです。その後、日蓮宗が北斗七星を北辰信仰の対象とし、妙見大菩薩をまつるようになりました。大阪の能勢妙見宮がその一例です。神道では天御中主命が、仏教では北辰妙見大菩薩がまつられています。

熊本の八代妙見神社は、明治になり神仏分離策がとられた後、天御中主命と国常立命を御祭神とした北辰信仰の神社になります。境内には亀と蛇が合体した亀蛇の石碑があるなど道教的要素を多々残しています。また、岩屋妙見宮と同じく山の中腹にあり磐座を御神体としている大阪の星田妙見宮も神社であり、社務所にて道教の鎮宅霊符が授与されていました。

岩屋妙見宮は近くから七〜八世紀の土器である土師器、須恵器が発見されるなど、その当時から祭祀が行われていたことが考えられます。そうすると、弘法大師の秘法と八一六年の隕石落下とによってまつられるようになった星田妙見宮の創立より前かと思われます。しかし星田の磐座は交野市の側にある天岩船神社の磐座との関連を考えると、もっと以前からまつられていたのではないかとも考えられます。

磐座としてまつられていた神社は、弘法大師によって仏教の北辰信仰妙見大菩薩をまつるようになりました。その後、明治の神仏分離令によって、天御中主命、高皇産霊神、神皇産霊神が御祭神となったのです。

ここで神社の構造に目を向けます。磐座としてまつっているならば、和歌山県にある高倉神社（ごとびき岩）のほうが岩屋妙見宮の作りに似ている構造であると感じました。

私の中でこの妙見宮は謎です。全国でまつられてはいますが、由緒書きを見ても確信が持てないところがあります。星まつりなどもありますが、北斗信仰とのつながりなどはっきりしていません。

伊勢の伊雑宮では太一を祭る盛大なお祭りがあります。どうしてもその祭りを見に行きたくて参加したことがありました。この祭りは、水田が連なる平地の中を「太一」と書いた大きなうちわを持ち、泥まみれになるという神事です。その時使われた縁起物の笹を自宅に飾ると災いを避けるといわれています。私もワクワクしながらいただきました。

この伊雑宮も謎が多い神社です。ここで紹介する香川県の妙見宮は弘法大師が修行された場所でもあり、足を運ぶとまず巨大な岩が御神体となっており度肝を抜かれます。まさか香川にこんなすごい場所があるなんて。妙見宮の脇からお山をぐるっと回ることができるので、ドキドキしながら登ると見渡す限り岩、岩、岩……。お山全体が磐座だったのです。

夢中で写真を撮り暗くなる前に下山を決め、下っていくと小さな滝に出ました。空気は澄んでいましたが、木は倒れたままであり手入れはされていないようです。この磐座に人の手を入れ、弘法大師ゆかりの聖地としてPRすれば、全国有数の地になると感じました。

ここで気付いたのは、妙見信仰はもっと詳しく調べる必要があるということ。

全山磐座の典型的な例として次に県外ではありますが、厳島神社を挙げておきます。

星田妙見宮の磐座（大阪府）

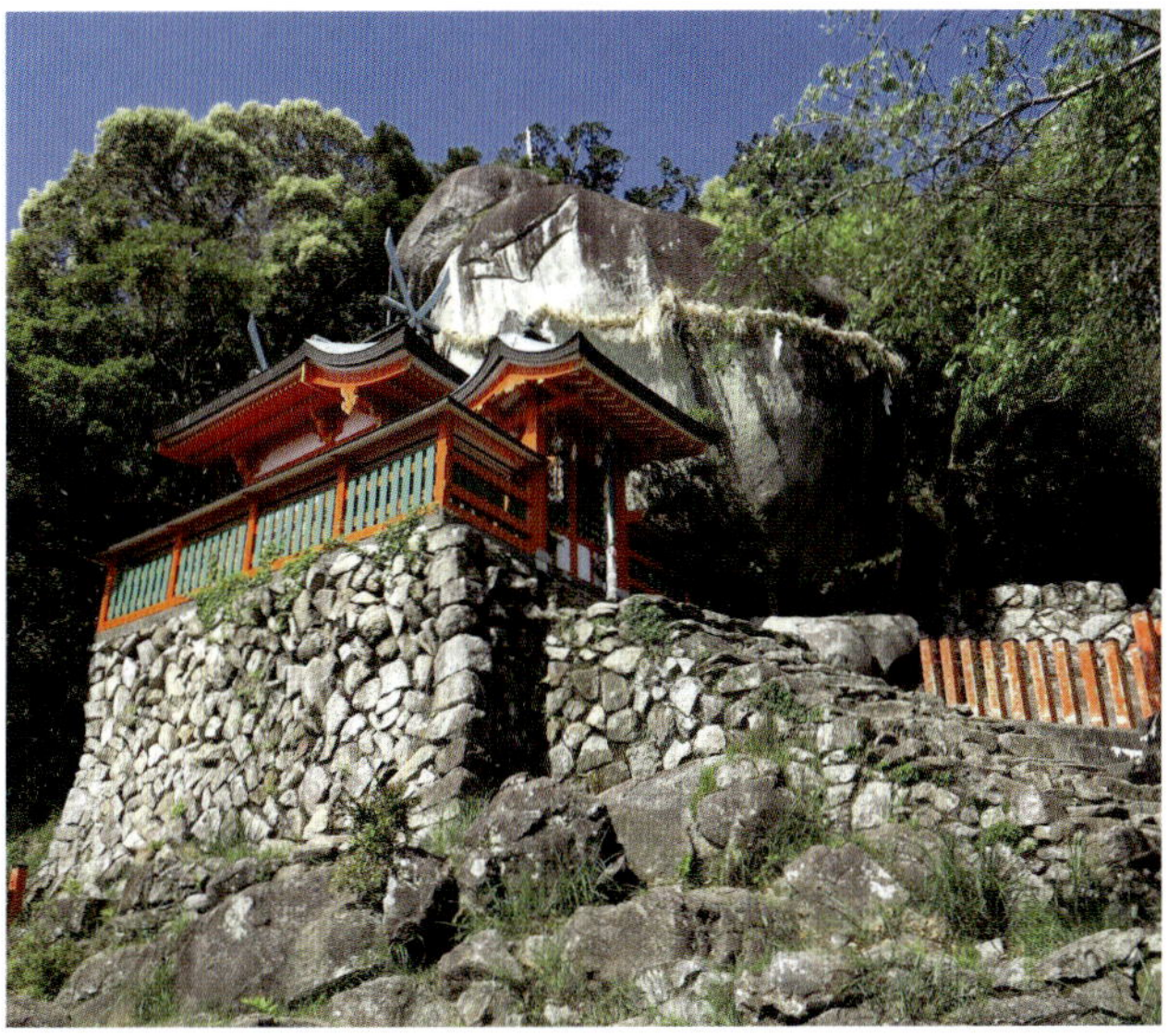

高倉神社（和歌山県）

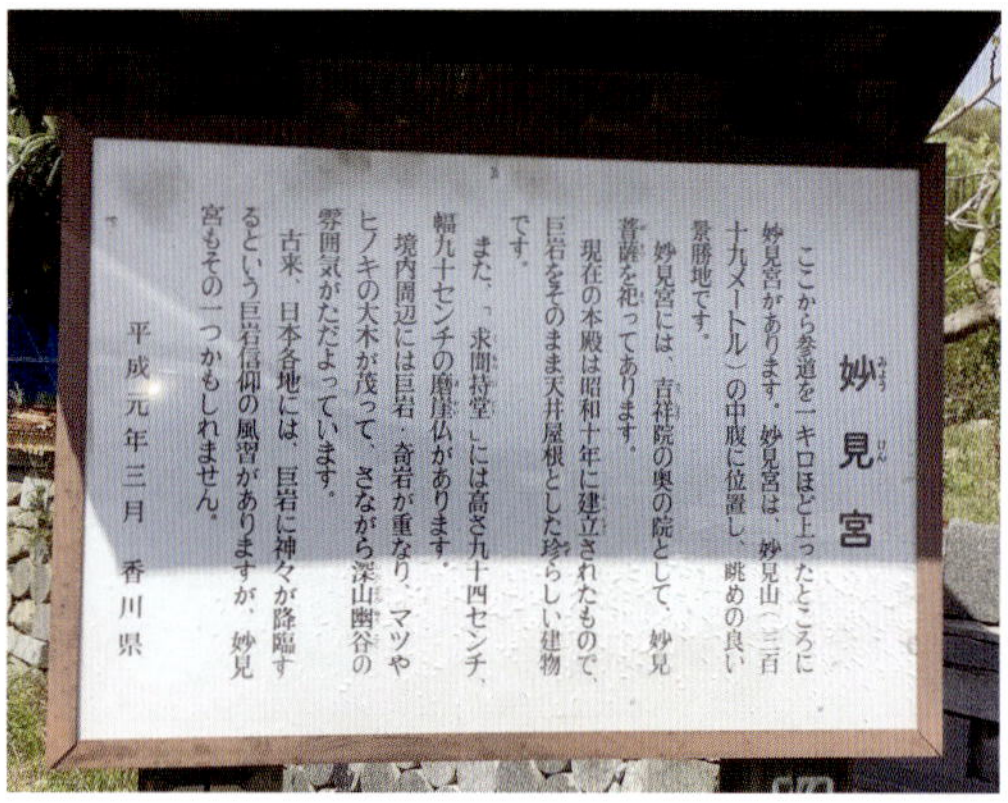
妙《みょう》見《けん》宮
ここから参道を一キロほど上ったところに妙見宮があります。妙見宮は、妙見山（三百十九メートル）の中腹に位置し、眺めの良い景勝地です。

妙見宮には、吉祥院の奥の院として、妙見菩薩を祀ってあります。

現在の本殿は昭和十年に建立されたもので、巨岩をそのまま天井屋根とした珍らしい建物です。

また、「求聞持堂」には高さ九十四センチ、幅九十センチの磨崖仏があります。

境内周辺には巨岩・奇岩が重なり、マツやヒノキの大木が茂って、さながら深山幽谷の雰囲気がただよっています。

古来、日本各地には、巨岩に神々が降臨するという巨岩信仰の風習がありますが、妙見宮もその一つかもしれません。

平成元年三月　香川県

妙見山案内図

小千貫

小千貫

厳島神社

7-2 厳島神社磐座

広島県廿日市市宮島町1の1
御祭神：市杵島姫命・田心姫命・多岐津姫命　御神体：弥山

神にいつく（お仕えする）という意味の厳島神社。御神体が弥山と言われているように、島全体が岩の塊である巖《いわ》島です。弥山の山頂付近には数多くの磐座があり、弥山全体が御神体といわれるのが分かります。古代から磐座信仰の聖地として崇拝されていたものと思われます。

弥山山頂には巨大な磐座がいくつもあります。初めて山頂に参ったときロープウェイで途中まで行き、そこから歩きました。看板に徒歩四、五分と書かれていましたが、なかなか分かりづらく道に迷ってしまったのです。お堂の裏の荒れた道を足下に注意しながら進んで行きました。

ふと、顔を上げると目の前に大きな大きな鹿がいるではありませんか。角は今まで見たこともない程大きく立派です。思わず「もののけ姫」のしし神様を思い出しました。鹿との距離は3m程だったでしょうか。心臓は高鳴り、身体は硬直、私はその場に立ちすくみ身動きできません。

「どうしよう、あの大きな角……」

鹿はクリクリした目で私の方をじっと見ています。すると、くるっと反対方向に歩いていきます。

「あーよかった！」距離を置いて後について行くと案内板が現れました。

「あっ、こっちだったんだ」

鹿様のおかげで案内現場まで戻ることができましたが、大きな角の鹿様の姿は消えていました……。何処に行ったんだろう。

鹿は神の御使と申します。私を案内してくれたのでしょうか、私はようやく奥宮に辿り着くことができたのです。

弥山山頂の奥宮には宗像三女神の女神様が三柱まつられています。

ご挨拶を終え、デジカメで写真を撮ろうと、磐座にカメラを近づけるとデジカメが、「バチバチバチ」と反応します。ビックリしてまた近づけると「バチバチバチ」。何なんだろう？　デジカメのレンズを覗き見るとそこにはピンクかかった紫の3本の光の柱が見えました。肉眼では見えないがデジカメの中では確かに光の柱が三柱立っていたのです。

弥山山頂の磐座

岩のトンネル

山頂付近磐座

この現象は別の場でもみる事がありました。そのときは白く太い光の柱がもの凄い勢いで、地上に降りていたのです。

カメラの種類か太陽光の影響か……写真で撮るとその柱は丸い大きな円形で写っていました。3つの光の柱は宗像三女神、三姫さまをお祀りしているからなのかな……不思議に感じながら宮を後にします。

帰りはなぜだか歩きで帰ることに。段差が激しく二時間以上かけて下山しました。

この宮島も昔は禁足地だったそうです。古代の人たちは奥宮で宇宙と交信でもしていたのでしょうか、私の勝手な想像は膨らむばかりです。

舟石

岩を流れ落ちる滝

瀬戸内海を望む

弥山山頂下の奥宮御山神社

宝蔵石

御塔石

大劒神社

8 劔山本宮劔神社

徳島県美馬市木屋平川上カケ
御祭神：安徳天皇・大山祇命・素戔嗚尊

標高１９５５ｍ、西日本第二の高さを誇る霊峰剣山頂上近くにある宝蔵神社には安徳天皇の御剣を奉納した宝蔵石があり、山頂から見て右下（案内図参照）の大劔神社裏には御塔石があります。神力の強い霊峰にある磐座はさすがに立派で、ロープウェイと一時間弱の登山をしても必見の価値があります。

剣山といえば、インディ・ジョーンズの映画で有名な失われたアークの箱が埋められているとの噂があります。剣山山ろくの神明神社磐座がイスラエルの祭壇と似ており、イスラエルの駐日大使が訪れたなど、謎は深まるばかり。

一度ご挨拶にお伺いしようと決意を固め愛車を走らせました。駐車場に車を置いてリフトで上に上がり、そこから徒歩で約一時間の行程です。いくつかルートがありますが、私は御神水と大劒神社と御塔石を拝するルートを選びました。山頂の山小屋に到着し一泊します。夜になると星の大パノラマに圧倒……こんなに澄んだ美しい夜空に感動したことはありません。

翌朝は早めに起き御来光をお待ちしました。しんとした漆黒の闇からだんだんと染まっていく空に心を打たれ、カメラを構えじっと待つ。太陽が少しずつ登り、御来光を拝した瞬間、あまりのありがたさに涙があふれ、何度も何度も「神様ありがとうございます」と祈ってました。剣山本宮は山頂山小屋での一泊をおすすめします。

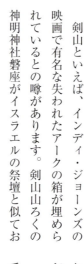

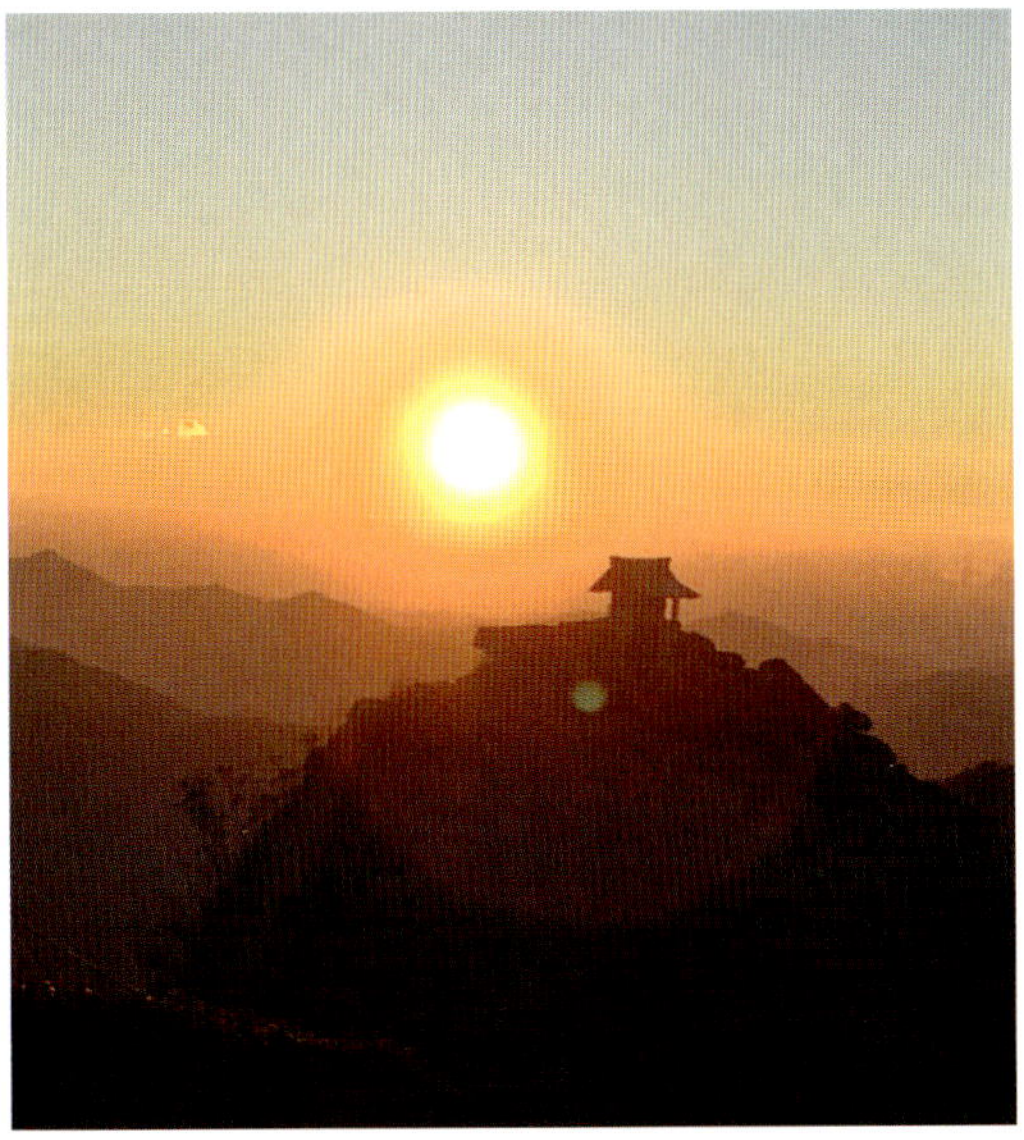

日の出と宝蔵石

夜明け前

剣山本宮

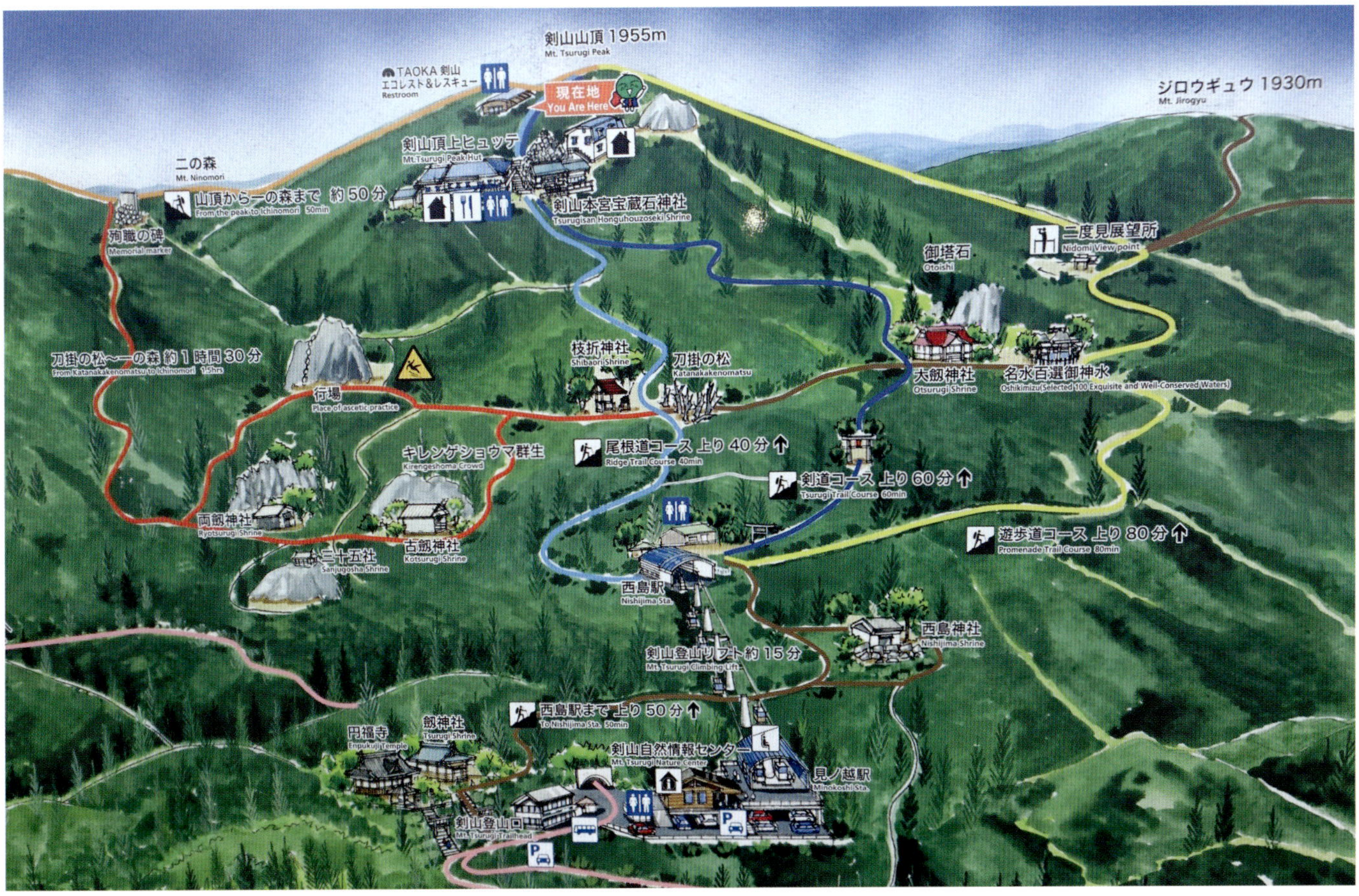

劔神社案内図

9

高屋神社本宮

香川県観音寺市高屋町2800
御祭神：瓊瓊杵尊、木花咲夜姫命、保食命

最近、天空の鳥居として脚光を浴び、訪れる方が多くなっています。本宮前の広場から鳥居越しに見渡す景色は、街並みから瀬戸内海の海と島々が見られとても素晴らしいです。

こちらは天空の鳥居といわれ今大ブームとなっている神社です。皆さん鳥居ばかりに目が行くようですが、実はこの宮も磐座祭祀の場だったのです。

上の写真は天空の鳥居からみられる絶景。本宮拝殿の奥には磐座があり、そこから反対側の海が見えます。山の頂上ならではの素晴らしい景色です。

磐座は岩としては立派ではないように見えます。神の依り代としてよりも、祖先の魂が天に上るためのアンテナのような感じがしました。

日本では縄文時代より亡くなった人の魂が地中を伝わり山の頂上より天に昇っていくという「天上他界」の考え方があるといわれています。この景色の素晴らしさを誇る稲泉山四〇四mの頂上から祖先が天に上る基地として磐座を祀ったのかもしれません。

平安時代の延喜式神名帳にのる讃岐国稲積大社正一位高屋神社であり当初は山頂にありました。それが一六〇〇年ぐらいに山の中腹の中宮に移り、一七六〇年頃に里見野に移りました。

しかし本来の本宮に戻すよう一八七一年にふたたび本殿を増築したのでした（奥の院）。このことも明治になり神仏分離・廃仏棄釈が叫ばれるようになり、先ほどの山上他界を大事にするようになったためではないでしょうか。

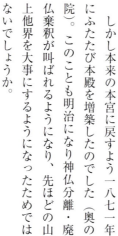

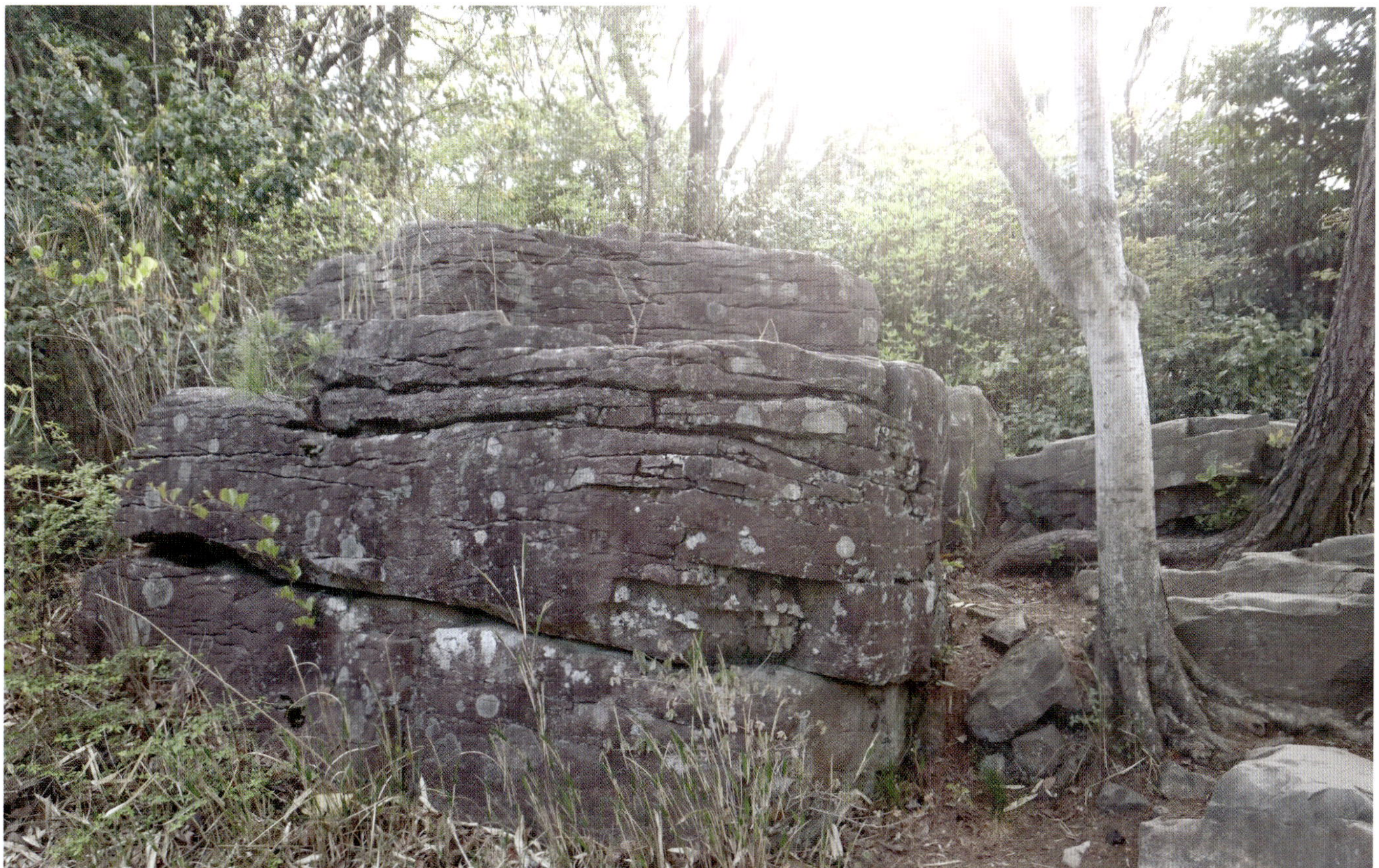

本宮拝殿奥にある磐座

鳥居の先には観音寺市内と美しい瀬戸内海が広がっている

磐座のある山頂からの眺め。ここからは父母ヶ浜、その先には庄内半島が見渡せる

高屋神社奥の院

10-1 天禺岩・悲願寺・雨乞いの滝

徳島県名西郡神山町神領高根・滝
悲願寺：開山弘法大師

徳島県には卑弥呼の里と言い伝えのある秘境があります。夏のある日、お店のメンバーからの「滝が見たい」という希望を叶えるため、夏休みを利用して、メンバーとその子どもたち総勢十人ほどで車に分乗し、徳島の神山町の雨乞いの滝を目指しました。山を越え、駐車場に車を停め、川沿いの遊歩道を進んでいきます。

流れる水は澄んで美しく、空の青を映して周りの緑と調和しています。四十分くらい川道を進み大きな岩をいくつも過ぎると滝が見えました。皆から「わー！」という歓声が上がります。着いたと思い岩の上にあがると「すごい！もう一本の滝がある」と誰かが叫びます。

まさにここは夫婦滝のようです。よく見ると鎖があり、上流に上がれることに気付きました。この場所は修行場だったのです。「この滝の上流はどこへ続いているのだろうか？」など話しながら皆で写真を撮り、さあ帰ろうとしたとき、上に登る看板を発見しました。

「この上流に卑弥呼の里がある！」

歩いても登れますが車で迂回できるルートを発見したのです。次回必ず行きたい。阿波の卑弥呼様に会いに行こうと心に誓ったのです。

卑弥呼の里悲願寺

日を改めて再訪するときは、雨乞いの滝から悲願寺にナビを合わせます。同行するのは古代史好きのお友達。私たちを乗せた車は山道を突き進んでいきます。私にしては珍しく、一人ではちょっと怖かったからです。

実際に行ってみると、案の定、ものすごい山道なのです。細く曲がりくねった道。対向車が来ると……と考えただけで前に進めません。雑念を祓い悲願寺だけを目指します。

急にお友達が「あっ！あの岩何？」と言います。気になって車を脇に止めて前方を眺めました。それは、白く飛び出たような形状の岩、普通の岩ではありません。

そのとき「そうだ、もしかしてあの岩、天禺岩だ、間違いない！あの岩の上で阿波の卑弥呼様が天と繋がって祈りを捧げていたんだ。早くあそこに行きたい！」

私は無我夢中で愛車ＭＩＮＩのアクセルを踏み、ナビを頼りに車一台すれ違うこともない山道をさらに奥深く入って行きました。するとそこに看板を発見したのです。

「ここが悲願寺だ！」

その駐車場には一台車が止まっており、誰かがいることに安心しました。一礼し門をくぐると、思わず「うわー！ここは何処？」笑

人里離れたこんな山の中に広い清らかな美しい敷地が広がり、そこにはお堂、古い建物があったのです。手水舎からは透き通るひんやりした水がコンコンと溢れ出ています。

先に来ていた人が二人おり、彼らはポリタンクにお水を汲んでいました。

「こんにちは」とぺこりと挨拶し、境内の探索をすることに。

そこには、古い時代の名残が多数ありました。そしてここは神仏混合の場だと直感したのです。お宮のすぐ裏から澄み渡った湧水が出ており、手水舎まで続いています。この湧水が雨乞いの滝となっているんだ。御神水を口に含み、持参してきたペットボトルに少しいただきました。そこでとても満たされた気分になったのです。

その余韻を味わうためにも、「天禺岩は楽しみにとっておこう！」と思い、その日は足取り軽く一礼をして山を下りました。

まさか、楽しみの天禺岩で起こる思いもよらないハプニングをこの時は知るはずもありませんでした……。

天禺岩

ワクワクしながら、突き出るような形状の天禺岩に悲願寺に同行したお友達と一緒に向かいます。

当日は晴天で、張り切って出発。わかりにくい場所にあり、かなりの下調べをし、ドキドキしながら向かいます。

悲願寺の近くに小さな看板があり、車を脇に止めて林に入っていきます。グルグルと同じところを回っているような気持になり、なんだかキツネに化かされたような気分……。

さらに奥に行くともう使われてない建物を発見。民宿として経営していたようです。

その奥を草木をかき分けながらずんずん進んでいきます。もう少し、もう少しと粘り強く進むと、ついに到着。

天禺岩です。周囲を回ってみると、友達から「崖になってるよ、ミーちゃん、危ないから、もう行こう」と引き止められ、後ろ髪を引かれながら車まで戻りました。

さぁ帰ろう……としたその時、車のキーがないことに気付きます。あまりの興奮でカギを落としてしまったのです。しかも時間は日没に近い。さらにスマホの電波も繋がりません。急いで引き返し、周辺をつぶさに探しても車のカギはありません。どれだけ見回しても見つからないのです。

天禺岩拝石

「奥に回ろうとした方に行ってみよう……神さま、お願いします。カギ見つけて！」と祈る想いで注意深く足元を見ました。ふと、斜め後ろを振り返ると、木の葉の間に引っかかっている愛車ＭＩＮＩのマークを発見！

「あった〜！」

泣きそうになり、何度も感謝を伝えました。でも、せっかくだからもう少し回ってみようと岩の周りを巡ります。すると、岩に登れる箇所を見つけました。

登るとなると命懸けです。私の足も届きません。古代の祈り人はどのようにこの磐座に鎮座したのでしょうか。

このカギ探しのおかげで岩の全体像まで把握する事ができました。

「ミーちゃん、大丈夫？おーい！」

友達の声が聞こえて我に還り、なんとも言えない緊張感と満足感に浸りながら足元も見えないほど生い茂っている草木をかき分け、来た道のりを帰って行きました。

皆さん、こちらには決して一人では行かないように。

天禺岩
天禺岩は卑弥呼が拝石にて拝み、天禺岩に神を呼び寄せたといわれる遺跡だが定かではない。ただ磐座祭祀が行われていた可能性は大である

悲願寺本堂

悲願寺山門と本堂

悲願寺常夜灯

悲願寺は、源満仲四男源賢僧都による開山。
古代は巫女による磐座祭祀が行われていた。

高根悲願寺の縁起
一、高根悲願寺開基以前は山神社で、巫女が神を祀っていたと古い伝承
があり、今も境内に十二社神社（伊邪那岐、伊邪那美並に神代十二神）
賢見皇神社（思金神）、山神社（大山津見神）、山殿合社（産土神と
聖天神）、別祠に天照大神祠が祀られている。
一、高根の呼名について、柳田國男氏は「神代の根の國は地下でなく
大和島根富士の高根と同じく宗家、元所、根所を意味し、出発
点、中心点を示して、本来は統一の力を示す所だった」と言っています
そして南方山上中腹にある天禺岩（神の鎮り坐す岩座）と巫女の
祈所である台石とが存在し、本堂の横にある天の眞名井から涌
出す清水の流れを「天の中川」と言っています
一、昔、弘法大師が法燈大道場を開設する予定で当山に登られたが、
水不便の爲に断念されたと伝えられている。其の後当山の横嶺
に狼猿がすみ人々を悩ましたので、時の國主守護武官が山の中
腹に一宇の草庵を営み、千手観世音、脇侍不動明王、多門天を安置
して安穏を祈ったところ、障害は無くなったと伝わっている
其の後、源家の長者、源満仲公は四男の美女丸の性質が荒いので僧に
すべく、家臣藤原仲光（恵心僧都）に託して得度《トクド》させたが素行が治
まらないので満仲公の怒りに触れ打首になるところ仲光は我子
宝寿丸を身代りとして美女丸を他國に落した
其の後、仲光は中山寺の別当職を辞し、美女丸の行方を尋ね諸國を
巡脚し、当地に来て図らずも、美女丸が悟りを開き源賢僧都となり、兄
の円覚上人と共に高根山で観世音の示現を蒙り、悲願寺を開基建立し
て本尊千手観音を祀り行を改めて居るのに出会った
安堵した恵心僧都は麓の野間名に中山庵を結び、主君や我子宝
寿丸の追福を祈りつつ身を終えたと伝えられ、今も其の地を中山
と云い、住みし所を御坊屋敷といっている。
一、美女丸は父満仲を境内祠に祭り（現存す）悲願寺に満仲公の位
牌（多田満仲法名覚信尊儀）を納め、（後程本寺の長満寺に移し祀る）
侍尼圓光を住せしめしより衆生の帰依する所となり、星霜を経て、細
川、三好、一宮、諸将の祈願所として、崇敬する所となる。
（文責）
古代神山研究会
神山町観光協会
高根山悲願寺世話人会
雨乞滝保勝会
神山新聞社

438
神山町
うぐいす滝
雨乞いの滝
悲願寺
天禺岩

天禺岩遠望

雨乞いの滝の奥に悲願寺

滝に悲願寺に天禺岩という磐座。神社なら水上神社か水分神社、雨乞いの滝神社が考えられるところであるが仏教寺院であるので、自然に基づく名前にはならなかった。

観音滝

雨乞いの滝

10-2

轟神社・轟本瀧神社

徳島県海部郡海陽町平井王余魚谷21―1
御祭神：水象女命・国狭槌尊・大山祇命

轟本瀧神社は轟本瀧を御神体とし、周囲には多くの滝があり奥宮があります。

私が子どものころ、夏休みになると宍喰の海水浴場とキャンプ地に家族とよく来ていました。その宍喰から山道を45分から1時間ほど登った場所に神秘の滝が御神体としてまつられています。

それは、轟神社の御神体。ここから奥には幾種類もの滝があって回廊となっており、一番奥には奥宮があります。滝と大きな岩が入れ替わり現れ、神秘的な空気を感じます。

この場所は今まで数えきれないくらいお参りをしていますが、その際には禊と肉食断ちを行い、心身共に清めてから参るようにしています。

滝に行くため鉄橋を渡ると空気ががらりと変わります。まるで結界が張られているかのようです。神社の階段を上り、水波能賣命がまつられている本殿を過ぎると滝に着きます。

「神域につき滝に入るべからず」の立て札があります。

一緒に昇った何人かはその場のエネルギーの強さに畏れて滝に近づくことができず、手前で手を合わせていました。

「どどーっ」という滝の響きと水しぶきに、自然の力強さを感じ畏敬の念が湧き上がってきます。古くから日本人は自然に神が宿っていると信じ、八百万の神として敬ってきました。その心が素直に受け止められる場所でもあります。

私は大切な人たちをこれまで何度もこの滝へ案内しています。だれもみな言葉が出なくなり、その後に神秘的で不思議なことが起こっているのです。良くも悪くもひとそれぞれだと感じています。

奥宮への登山路を、店のメンバーの子たちと行った際も、一番年下の四歳の子の体調がすぐれず、これ以上歩くのは無理かと思っていましたが、神域に足を踏みいれると段々元気になり、先頭を切って往復したことがありました。

その子の母が、「急に元気になったのはこの場から良いエネルギーをもらったからですね」と一言呟いたのです。

轟の滝は遠い昔、カレイ谷と呼ばれていたそうです。

「カレイ…？ お魚さん？ 山なのに？」

また、この滝を見て和歌山の那智の滝とは決して比べてはいけないという言い伝えもあります。口に出すと祟りがあるとか……。

「何事も安易に比較してはならないということなんだ」と私は自分なりに解釈しています。

ですから、この場に誰かを案内する時は「体を清め、心を整えてから参るように」と皆に伝えています。

この地の材木は、上流から谷を下りて海に出て、海流に乗って船で和歌山まで運ばれていたそうです。この地は海を通じて紀伊半島まで繋がっていたのです。

里には古代の古墳があり宍喰の海、地名は海部です！ 古代の海洋民族の王国があったのではないか……海部となると京都の丹後に繋がる……など、私の想像は膨らむばかりです。

轟神社鳥居

轟本瀧

大島小島橋滝

横見滝

丸渕滝

轟本瀧神社鳥居

奥宮

大水上神社

11 大水上神社・千五百皇子社

香川県三豊市高瀬町羽方2677−2
大水上神社御祭神：大山積命・保牟多別命・宗像大神
千五百皇子社御祭神：伊邪那岐命伊邪那美命

弥生時代よりの遺跡が多くみられる宮川の水霊をまつった讃岐の二宮大水上神社。水田耕作には水が絶対必要であったため各地に水上神社水分神社がまつられた。奥宮の千五百皇子社は古代の祭祀施設であった磐座に建てられており神さびた雰囲気を醸し出している。

鰻池

讃岐国二宮の神社を紹介します。

この神社は、二〇一一年頃に初めて訪れた神社です。その当時は、神社といえば初詣に参るくらいでしたが、この地に訪れた時、あまりの静寂さと空気感に、初めて神社に対する畏敬の念が沸き上がってきたのです。

奥宮の千五百皇子社は脇に川が流れており、磐座の頂に祠がおまつりされています。もしかしたら古墳かなと想像したのを覚えています。

こちらの社には何度も参拝していますが、人と会ったことはなく、心置きなくゆったりとできます。また、ここで写真を撮ったのですが、紫がかったピンク色の玉の光が何枚も撮れています。今はなぜだか同じような写真は二度と撮ることはできず不思議です。御祭神の一柱に宗像大神が挙げられているのも、私には何らかの意味があるように思えてなりません。

千五百皇子社磐座

吉野水分神社

水源を大切にする意味でも奈良は盆地の各隅々に水分神社がまつられている。その中でも立派な吉野水分神社を参考までの掲載しておく

12 明神原・城山神社（きやま神社）

明神原遺跡：香川県坂出市府中町
城山神社：香川県坂出市府中町本村４７６０
御祭神：神櫛別命（景行天皇皇子・讃岐国造の始祖）

明神原遺跡は、菅原道真公が国司として讃岐に来た際、干ばつがひどかったので明神原の磐座で雨乞い祈願をしたと伝えられている場所です。雨乞いの石といわれるのがその御座とされています。近くの城山山頂付近には朝鮮式山城跡があります。

明神原雨乞いの岩

明神原社

明神原烏帽子岩

城山山頂から讃岐富士

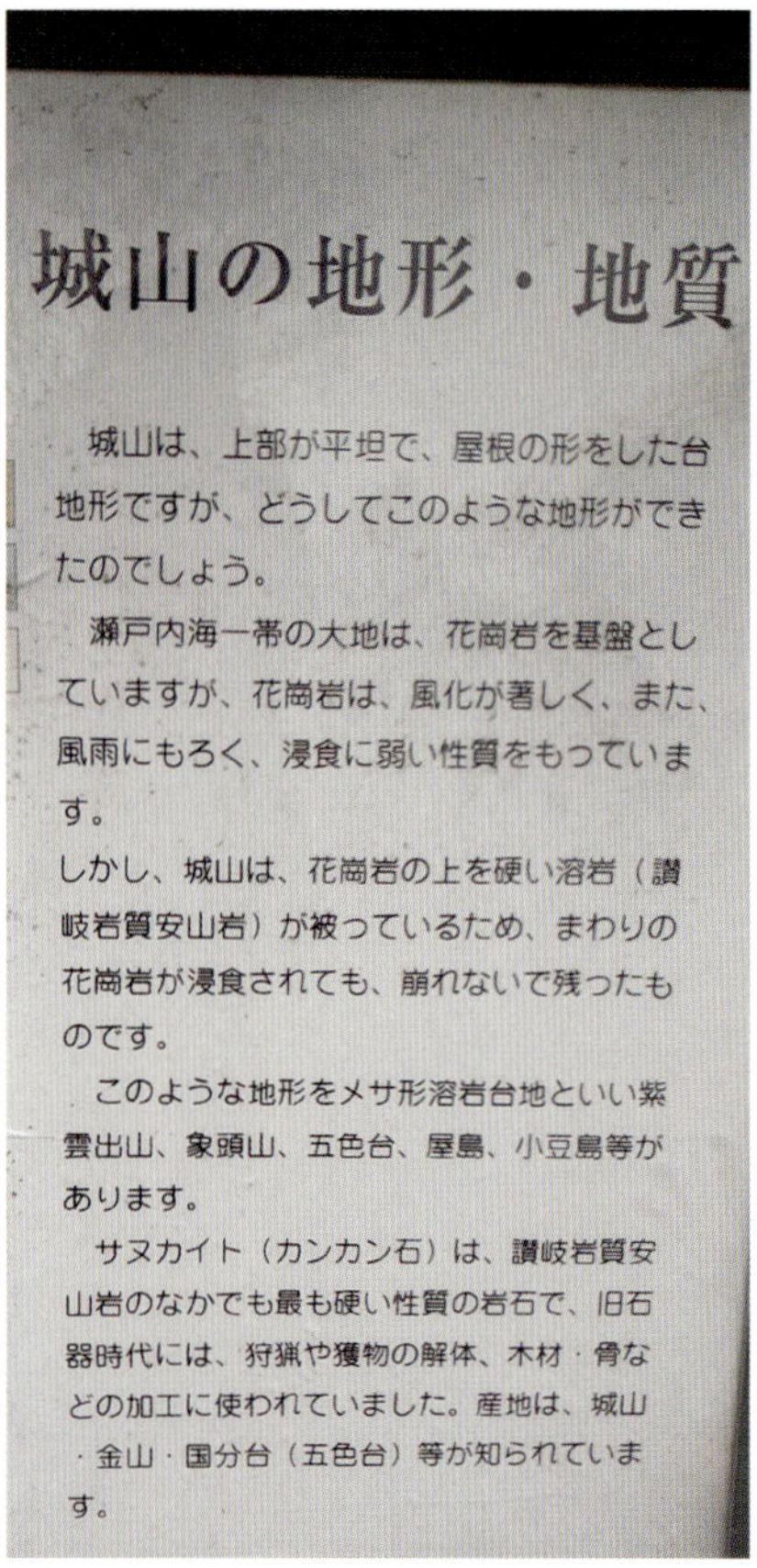
城山の地形・地質
城山は、上部が平坦で、屋根の形をした台地形ですが、どうしてこのような地形ができたのでしょう。

瀬戸内海一帯の大地は、花崗岩を基盤としていますが、花崗岩は、風化が著しく、また、風雨にもろく、浸食に弱い性質をもっています。

しかし、城山は、花崗岩の上を硬い溶岩（讃岐岩質安山岩）が被っているため、まわりの花崗岩が浸食されても、崩れないで残ったものです。

このような地形をメサ形溶岩台地といい紫雲出山、象頭山、五色台、屋島、小豆島等があります。

サヌカイト（カンカン石）は、讃岐岩質安山岩のなかでも最も硬い性質の岩石で、旧石器時代には、狩猟や獲物の解体、木材・骨などの加工に使われていました。産地は、城山・金山・国分台（五色台）等が知られています。

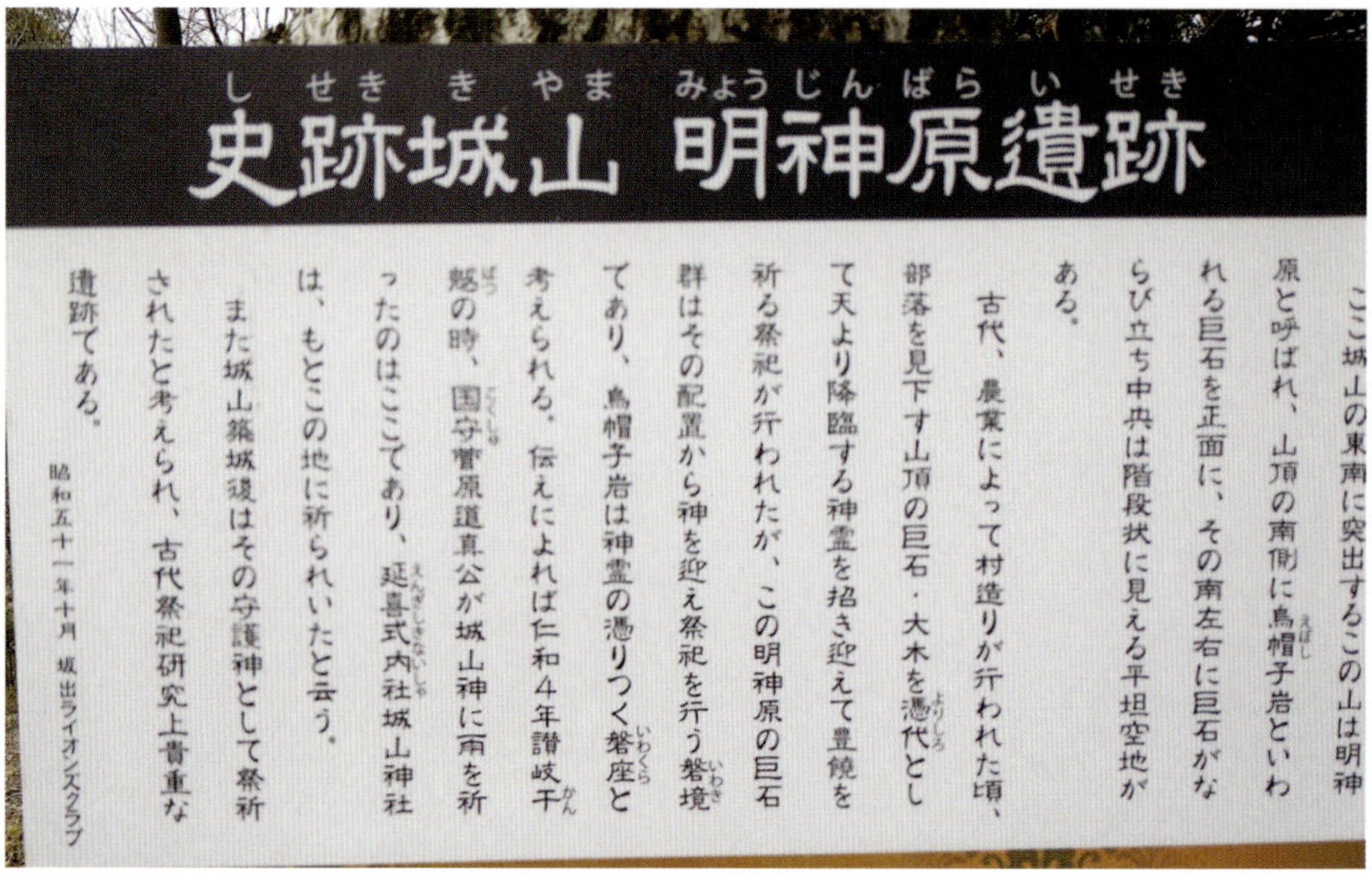
史跡《しせき》城山《きやま》 明神原《みょうじんばら》遺跡《いせき》
ここ城山の東南に突出するこの山は明神原と呼ばれ、山頂の南側に烏帽子《えぼし》岩といわれる巨石を正面に、その南左右に巨石がならび立ち中央は階段状に見える平坦空地がある。

古代、農業によって村造りが行われた頃、部落を見下す山頂の巨石・大木を憑代《よりしろ》として天より降臨する神霊を招き迎えて豊鏡を祈る祭祀が行われたが、この明神原の巨石群はその配置から神を迎え祭祀を行う磐境《いわさ》てあり、烏帽子岩は神霊の憑りつく磐座《いわくら》と考えられる。伝えによれば仁和4年讃岐干《かん》魃《ばつ》の時、国守《こくしゅ》菅原道真公が城山神に雨を祈ったのはここであり、延喜式内社《えんぎしきないしゃ》城山神社は、もとこの地に祈られいたと云う。

また城山築城後はその守護神として祭祈されたと考えられ、古代祭祀研究上貴重な遺跡である。

昭和五十一年十月　坂出ライオンズクラブ

明神原遺跡解説

城山地形解説文

元々明神原に城山神社があったが戦乱で焼かれ転々とし現在の地に手祭られるようになった。

城山もそうであり屋島や五色台も山頂が平らな山である共通点がある。その理由が花崗岩の上にサヌカイト（安山岩）が乗っており、安山岩は固く浸食されにくいので平らな地形になるとのこと。解説文を参照。

城山神社

13 白人神社・磐境神明神社

徳島県美馬市穴吹町口山字宮内
白人神社御祭神：瓊瓊杵尊・天照大神・伊弉冉尊・豊明津姫命・崇徳天皇・源為朝
神明神社祠神　：瓊瓊杵尊・天照大神・伊弉冉尊・豊明津姫命・国常立神

神明神社磐座はイスラエル大使がお参りに来たというほどソロモン伝説が語られる磐座であります。自然石の磐座ではなく石を組んで作られた磐境（石の囲い）と言っていいでしょう。

ここは、イスラエル大使も参拝されたと言われる、不思議な神社です。

この神社も美馬市にあり、すぐそばには白人神社があります。私はかつて白兎の謎を追って日本海側の神社を山奥まで分け入り足を運んだことがあります。

ちなみに「白兎」とかいて「はくと」と読むのです。

現地で取材し、わかったことがあります。それは、因幡の白兎とは別の白兎伝説があることです。このことは、また別の機会に紹介したいと思います。

徳島県美馬市でも白兎は大事にされておりますが、読みは「しろひと」です。

この神明神社も何とも不思議な神社なのです。きれいに浄化された獅子の壁に囲まれ五つの小さな社が祀られており、その御祭神は瓊瓊杵尊・天照大神などです。

この神社に何故イスラエル大使が来たのでしょうか。それはこの神社がイスラエルの古代の都市の神殿に似ているため、古代イスラエル系（ユダヤ人）の人たちがここにきて祭祀場にしたのではといわれているからだとか。

私がこの事実を知ったのは白人神社に白兎を追いかけてきたときトイレを借りたすぐそばの雑貨屋のおばあちゃんが教えてくれたからです。そのお礼にそのお店では飲料と塩の袋を買いました。

そしてすぐさま神明神社に向かい、階段を上り始めました。気持ちは急ぎますが、なかなかの急勾配です。

汗だくになりやっと登りきると、そこは公園のようで、木が茂り心地よい風が吹き、何とも言えない清々しい気に満ちていました。思わずたたずみ、風を感じてしまいます。そして不思議な磐境の中に入りひとつひとつのお社に手を合わせました。さあ降りよう、と階段の上から下方を見ると駐車している車がまるでミニカーのようにも見えます。この美馬には、まだまだいくつもの古代遺跡があるのです。

追記：美馬市発行の広報誌に駐日イスラエル大使のコーヘン大使がこの神社を視察されたことが掲載されている。

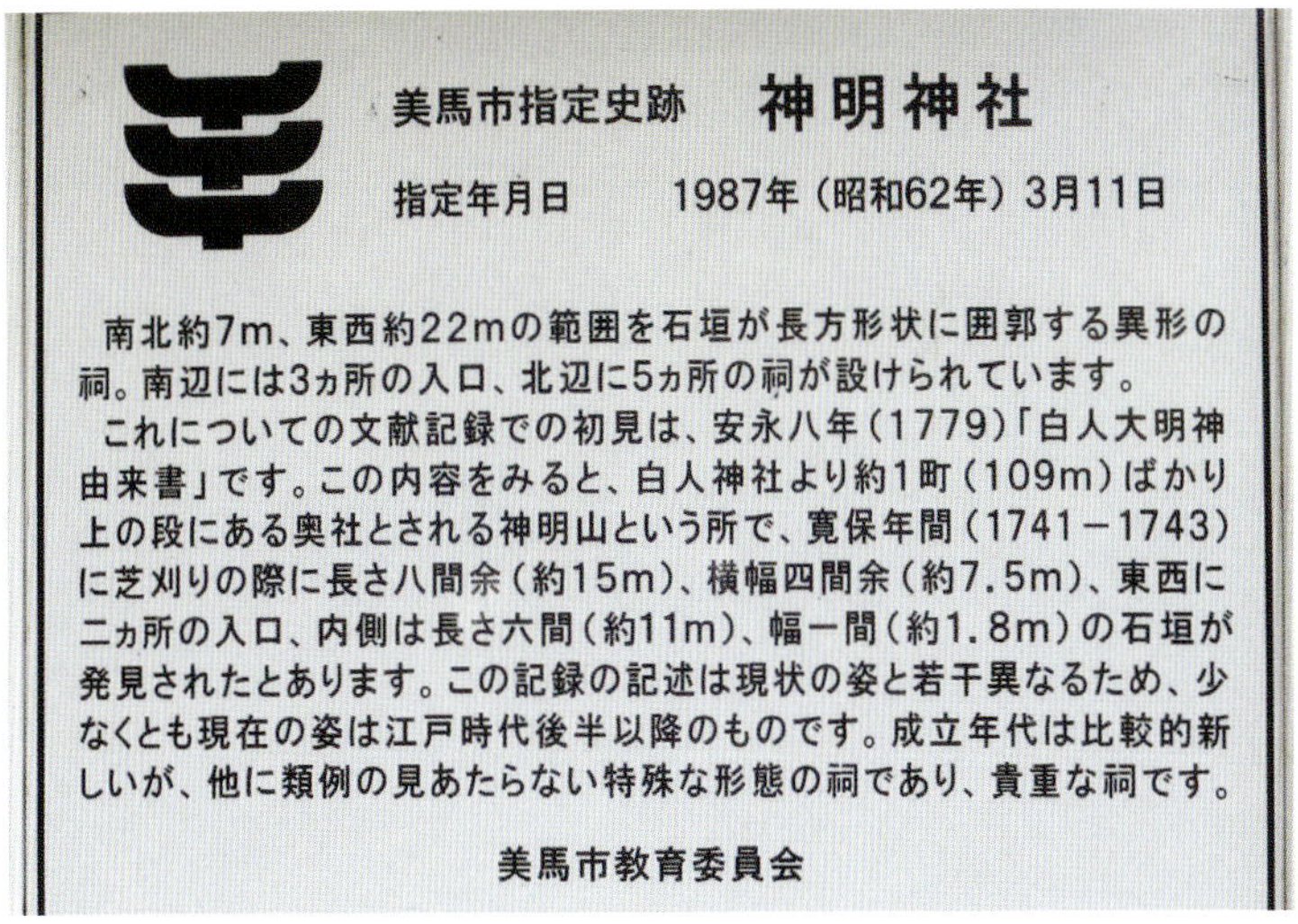
美馬市指定史跡　神明神社
指定年月日　1987年（昭和62年）3月11日
南北約7m、東西約22mの範囲を石垣が長方形状に囲郭する異形の祠。南辺には3ヵ所の入口、北辺に5ヵ所の祠が設けられています。
これについての文献記録での初見は、安永八年（1779）「白人大明神由来書」です。この内容をみると、白人神社より約1町（109m）ばかり上の段にある奥社とされる神明山という所で、寛保年間（1741－1743）に芝刈りの際に長さ八間余（約15m）、横幅四間余（約7.5m）、東西に二ヵ所の入口、内側は長さ六間（約11m）、幅一間（約1.8m）の石垣が発見されたとあります。この記録の記述は現状の姿と若干異なるため、少なくとも現在の姿は江戸時代後半以降のものです。成立年代は比較的新しいが、他に類例の見あたらない特殊な形態の祠であり、貴重な祠です。
美馬市教育委員会

イスラエルの祭壇との類似

両者がどのくらい似ているのか参考までに神明神社を上から見た図とイスラエルにある遺跡を掲載しておきます

イスラエル・ダビデ市の遺跡

神明神社

14

仁尾賀茂神社と沖津宮

仁尾賀茂神社本殿と注連石

香川県三豊市仁尾町仁尾丁1044／沖津宮仁尾町仁尾大蔦島
御祭神：賀茂別雷大神

白河天皇の勅許をえて京都上賀茂神社神官原斉木朝臣源義孝が鴨の氏人五人とその家族を連れ一〇八四年に大蔦島に来島。ここに賀茂別雷大神を勧請して蔦嶋賀茂神社が創建されました。その後、仁尾一帯が上賀茂神社へ神領御厨として寄進されました。観応の乱において仁尾の神人らは細川顕の水軍として活躍し、その功によって蔦島から現在地に賀茂神社が勧請されました。

沖津宮

ある写真集で、大きな岩で鳥居ができているのにびっくりして、香川にこのような神社があるのだと強く記憶に残っていました。そして、まさか私がこの仁尾の父母ヶ浜の土地を購入することになるとは思ってもいませんでした。大きな岩をバランスよく探し加工して作られた磐座鳥居は全国でも他に見ることはなく唖然としました。

暑い夏の日、渡し船で大蔦島に向かいます。船の中は海水浴に行く人たちでいっぱいでした。家族連れやカップル、学生たちが和気あいあいとはしゃいでいます。女性の一人旅は私だけ。船頭さんに「何しに行くの?」と聞かれました。

そこで私は「まつられている沖津宮に参拝して、山にも登ってきます」と答えます。すると船頭さんはびっくりした様子で「へー珍しいね。でも蚊がいっぱいいるよ、大変だよ」と。

島に着くと砂浜はにぎわっていました。真夏日だったので、汗が顔から足の先まで流れ落ちていきます。

浜を急いで横切り、鳥居へと向かいます。鳥居で一礼、「よし」と気持ちを入れ足早に階段を駆け上がります。でも、なんだか足が重い……景色が荒れ果てていることも感じました。「人が来ることがないせいかな?」

暫く行くと「見つけた。磐座だ。やはり……」と思いました。

その場でご挨拶をし、携帯電話で撮影。

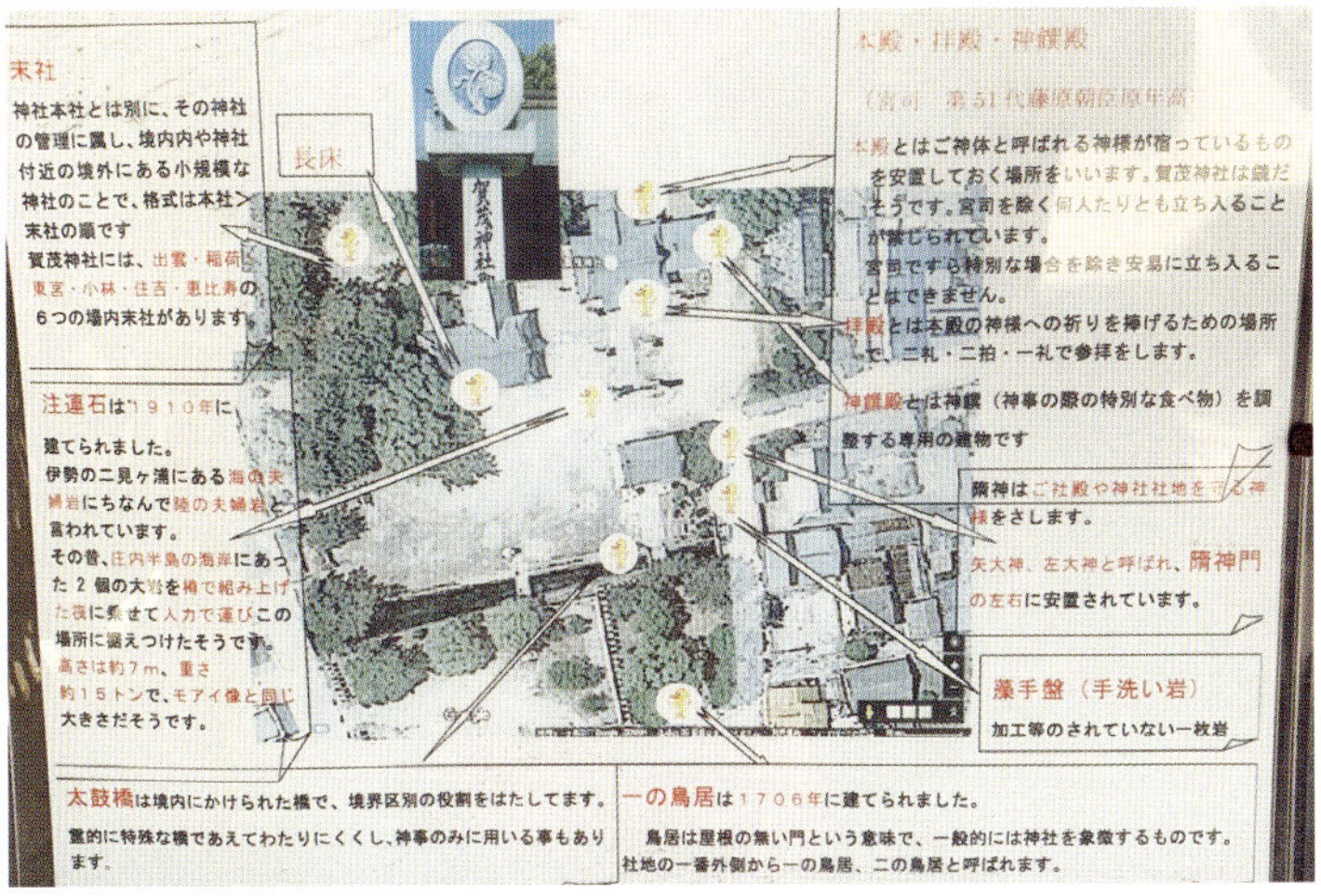

仁尾賀茂神社案内板

賀茂神社蔦嶋沖津宮

大蔦島磐座

その写真には太陽光線が虹のように写り、その中にお宮が写っていたのです。このような虹は二〇一一年の神社詣での初めから現れ、聖地の各地で毎年色を変えてて出現しています。同じように撮ろうとしても撮れません。色がきれいで、なんだかまつられている神様からの祝福ような気がして嬉しく思います。

　さあ、山に向かおう。急な坂を休むことなく一気に駆け上がります。一つのお宮を抜けると、そこからは空気が変わり澄み渡っていました。体も軽くなり蚊に刺されることもありません。

　やはり、人があまり来ないからでしょうか。その場の清浄さが伝わってきます。案内を見ながら登るとまた大きな岩を発見。そこからは仁尾の町が見渡せます。真夏の海の青の色が果てしなく美しい……大蔦島……。

「あ！磐座島だ！」

　もっと先に行きたかったのですが、船の時間もあり次回にとっておくことにします。沖津宮と仁尾賀茂神社は合わせて参拝したい場所です。

15

讃岐国分寺正八幡／國分八幡宮

香川県高松市国分寺町国分2501
御神体：神日本磐余彦火々出見尊・足仲彦尊・息長足姫・譽田別尊。白蛇大神
水分社ご祭神：天水分國水分大神・大神大物主櫛甕玉神

天平勝宝年間に国分寺の鎮護と地区の産土神として創祀され、空海や代々の国司・大名に保護されていましたが、万治年間に炎上、神慮と占いによって現在の地に移されました。香川県では唯一の磐座を御神体として祭っている神社です。本殿の裏の磐座は禁足地で普段は入れませんが、霊力・神力が強い地であり、今回の磐座巡りの掉尾を飾るのにはふさわしい地です。

國分八幡宮の奥宮に行きたいと思っていましたが、とうとう念願が叶いやっと登拝できました。

ここでは森口宮司が案内して下さいました。本殿横の道をワクワクしながら進んでいきます。鳥居が見えると、その先は原生林のアーチのようになっていました。

まずは鳥居で一礼します。

天水分神。大神大物主櫛甕玉神。二柱の御祭神の名……。

「すごい、日本最古の大三輪神社の御祭神と同じだ！」と思った時、宮司さんができたばかりの竹杖を二つ渡してくれました。

さあ、出発です。この上では雨乞いの祈りが捧げられていたそうです。二十年前までは火を焚き神事を行なっていましたが、消防法などのため今は無くなってしまったとのこと。宮司さんは四十五代目、今は娘さんが跡継ぎとして継承するそうです。

女性宮司か……。

私は自宅で鈴を作り神棚を祀り、室内巫女を自称しています笑

登頂までの道のりには、色々な植物が息づいていました。シダ、蕨、おまけにヒノキや松、熊笹、このお山は大禿山といい昔は岩山で植物はなかったはず。

それが長い年月をかけ今のようになったとの事、色々お話を聞いてるうちに二〇分程で山頂へと到着。

「うわぁ！　風が心地いい」

森口宮司のお話を伺うと向かいのお山から縄文遺跡が発見されているそう。現在は

本殿裏磐座

國分八幡宮鳥居

自衛隊の管轄になっているとのこと。宮司のお話は興味深い事ばかりです。

こちらは登拝すると特別な御朱印がいただけるとのことで、もちろん私もいただきました。

この広大な神域を守られ伝統的な祭りや神事を執り行われている森口宮司。「香川の聖地をこれからもお守り下さい。ありがとうございます」と祈りを捧げました。

磐座は磐座祭りに特別拝観できますが普段は禁足地です。

磐座信仰の貴重な存在であり、もっともっと世に知っていただきたい、ご挨拶に行っていただきたい場所でもあります。

奥宮へはこちらの鳥居をくぐります

奥宮への道中に自生している植物

大禿山の山頂標識

鳥居の先は原生林の中を進む

2022年２月20日
讃岐國分八幡宮　奥宮山頂

聖地を巡礼した時に写った光です。太陽光線やカメラのレンズの影響だとは思いますが、あまりに美しいので残します。

column

イスラエルの旅

２０２３年10月５日、私は成田からイスラエルへ旅立ちました。そしてその２日後、ガザからの空爆があり町はロックダウン。戦争が始まったのです。

この旅はテルアビブ空港に着いた時から胸騒ぎな暗示があったのです。前日にわざわざ購入した真っ白なサムソナイトのキャリーバックが行方不明に……。40分後には出てきたのですが、まったく同じ真っ白のサムソナイトと間違われたのです。また、空爆の前夜には原因不明の高熱にうなされるなど、過去に経験したことのない現象が起こっていました。

ロックダウン後、ホテルから私たち30人は安全な場所に避難しつつ、誰もいないイスラエルを北から南へとバスで移動し、旅の行程を祈りを捧げながら巡礼しました。まるで映画の中を生きているような奇跡の10日間に聖書の世界を垣間見ることができたのです。

イスラエルには日本の神社の原型のような幕屋という移動式神殿があり、手水

舎で手と口を清め、テントの中に入り祈りを捧げます。

　そこには黄金のアーク（御神輿）があり、その中には何と！三種の神器が奉納されています。マナの壺とアロンの杖、モーゼの石板です。日本でいう八咫の鏡、八尺瓊勾玉、草薙剣別名（天叢雲剣）であります。まるで日本神話ではありませんか。長年謎であった日本とユダヤの関係性に私はやっと確信を持つことができました。


　故郷の徳島、剣山には隠されたアーク伝説がありイスラエルの遺跡に類似した神社（神明神社参照P68）もあります。

　また、日本語とヘブライ語の類似性、埴輪の像、山伏とユダヤ教の繋がりなど、日本の文化とも深い繋がりを感じとれます。近年は学術的にも日本の隠されていた本当の歴史がオープンになってきています。


　イスラエルの旅は私に生命の尊さと、メディア報道と現地とのギャップ、そして、本当の歴史を知る大切さを教えてくれました。

　ご先祖様から私たちに脈々と続いている生命……そこには歴史がありルーツがあるのです。日本ほど素晴らしい国はありません。

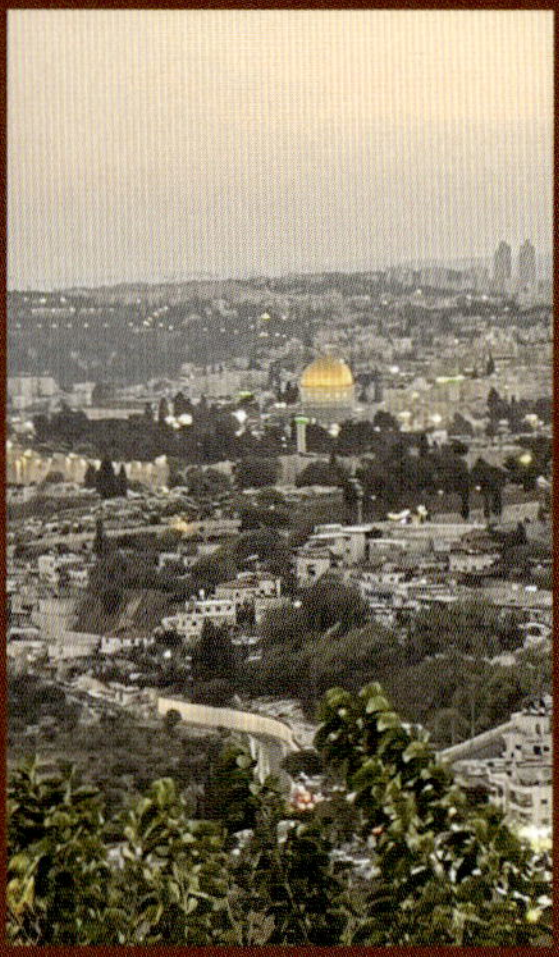

上空では飛行機か戦闘機？の音が鳴り響き、銃を持った兵士に検問を受けました。兵士といってもまだ若く、民間人だと思われる若い女性兵でした。その姿に胸が痛みました。ガイドさんのお子さんも軍に招集されたと聞いていたからです。

宿泊のホテルには、避難民が至る所で溢れていました。中には危険な人物もいるかも知れない。緊迫した状況下の中、私を癒してくれたのはイスラエルの壮大な自然だったのです。

最後にたどり着いた場所、イスラエルの南端エイラット。ここはモーゼの渡った紅海が広がっていました。

夕日が沈みゆく静寂の中紅海に身体を浸し煌めくアカバの港町を見つめ、子どもの頃憧れたアラビアのローレンスを思い出しました。世界は、日本はどこに向かっているのでしょうか。

明日は死海を経由してテルアビブ空港に向かいます。もう訪れることができないかも知れないこの地を、私は忘れることはないでしょう。

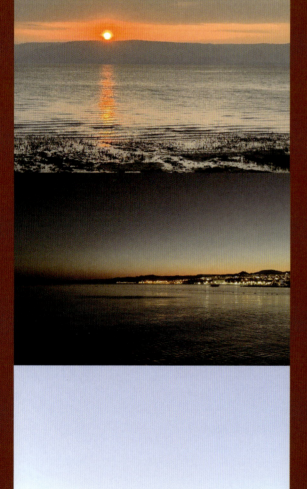

おわりに

二年にわたるコロナ禍は、世の中を大きく変えました。買い物や飲食業など今まで習慣で流されてきたものが、立ち止まり本当に必要なものであるかが問われました。

その中で、時間的にはかなり余裕ができましたので、今回の磐座の旅の参拝を進めることができました。世界は、ロシアのウクライナ侵攻やイスラエル情勢をはじめ、混とんとしています。この混乱の今こそ、日本人の心を大事にし、もう一度見つめなおすことが必要ではないでしょうか？

神社と奥宮の磐座を訪ねることで、自然を大事に尊崇しながら何千年と生きてきた我々の祖先の心を学びました。自然を大切に、自然の美しさをもっと味わい、豊かな生活とは何かを考えなおすことによって、私は大きく生まれ変わることができたように思えます。

皆さまもどうぞこの喜びを味わうことができますよう磐座参拝の旅をお勧めします。それは今はやりの「パワースポット」といった考え方ではなく、素直な気持ちになれる自然の大きさを感じていただける旅になればと思っております。

私が尋ねた神社や、磐座をどうか汚すことなく美しく残していくことをお願いいたします。また危険な個所も多くありますので、気軽な格好で行くことは避けていただきたいと思います。阿波古事記の会や美馬市観光協会、各市町村の観光協会や地元の方にお聞きになることをお勧めいたします。

本書を上梓するにあたり、多くの方々にご教授いただきましたことを感謝いたします。また國分八幡宮はじめ多くの神社の宮司様にもお世話になりました。

また、この30年にわたり私が経営する株式会社森蔵、高松店クラブ播磨、岡山店クラブ八咫にお力添え賜り、応援し支えて下さっている全ての皆様に心からの感謝を捧げます。今回の出版ができたのは本当に皆様のおかげであることに御礼申し上げます。

最後に出版を引き受けて頂いた、青月社の方々にも御礼申し上げます。本当にありがとうございました。

令和6年11月11日

株式会社森蔵　森 三希子

◉著者プロフィール

大和三希子（やまと・みきこ）

本名：森 三希子

徳島市出身。

株式会社森蔵代表取締役。

高松、大阪北新地にて飲食店等を経営の後、現在は高松、岡山にて株式会社森蔵の会員制高級クラブを3店舗経営。

蒜山高原、牛窓前島にて新たなリゾート開発を企画中。

古代史好きが高じて、2011年より日本神話に基づき日本全国を周る。現在では世界の聖地にまで興味の幅を広げている。


日本舞踊藤間流名取／ソムリエ協会SAKEディプロマ取得

ミーちゃんと行く 磐座《いわくら》の旅 香川・徳島編

発行日	2024年12月15日　第１刷
定　価	本体2000円＋税
著　者	大和三希子
発　行	株式会社 青月社 〒101-0032 東京都千代田区岩本町3-2-1 共同ビル8Ｆ TEL 03-6679-3496　FAX 03-5833-8664
印刷・製本	ベクトル印刷株式会社

ISBN 978-4-8109-1358-3